営業のプロが新人のために書いた

はじめての「営業」1年生

ソフトブレーン・サービス株式会社

野部 剛 著

はじめに

みなさんは、自ら希望して営業職になりましたか？　それとも仕方なくたまたまですか？「営業」をネットで検索すると「つらい」「向いてない」といったネガティブなワードが予測変換で表示されます。残念ですが、「営業」にあまりいいイメージを持っていない人が多いのが現実です。

でも社会にでるためにあなたは少なくとも一度は〝営業〟を経験されているはず。そう、それは就職活動です。就職活動で商品となるのは、自分自身です。お客さまにあたるのは会社。あなたは就職活動で「採用してください。お願いします！」とひたすらお願いしましたか？　おそらくそんなことはしていませんよね。

・自己分析をして会社のニーズと重なる自分のアピールポイントを探す。
・履歴書やエントリーシートにアピールポイントに関連する話題をとり入れておく。

こうした工夫によって面接官が「採用する」という行動を起こしたからこそ、今の会社にあなたは就職できたのだと思います。

実際の営業活動も、就職活動と同じです。

たくさんの商品の中から選んでもらうには、「買ってください。お願いします！」だけでは通用しません。その現実に直面して、あなたは今、本書を手にとってくださったのではないでしょうか？ 何事にも熱意は必要ですが、それだけで買ってもらえるほど世の中は甘くない。面接官に「採用する」という行動を起こさせたように、お客さまに「買おう」という行動を起こしていただく。

コミュニケーションによって「相手を動かす」活動が営業なのです。

そこに**必要なのは根性などではなく科学的な方法論です**。本書では科学的な営業活動のために必要なマインド、ナレッジ、スキルについて新人のみなさんに知っておいてほしいことを説明しています。

営業は本来とても楽しいもの。本書を読んで少しでも営業が好きになっていただければうれしいです。

野部　剛

火曜日　相手にプロだと思わせる「知識（ナレッジ）」

水曜日　涼しい顔でラクラク売るための「事前準備」

木曜日　信頼関係を作る「アプローチ」と「ヒアリング」

金曜日　顧客にピタリと合う「プレゼン」と「クロージング」

土曜日　「ファン」を増やし、デキる営業になるために

カバーデザイン／高橋千恵(design office savaco)
カバー・本文イラスト／河南好美
編集協力／土肥可名子

月曜日

本当は営業なんてしたくなかった？

「意識（マインド）」

「意識（マインド）」の心得

営業は楽しい!? ポジティブ思考で

ポイント

- 営業はポジティブ思考で！
- お客さまに必要なものを売れ！
- 営業はプライドを持て！

営業はセンス？

よく、〝営業〟には、生まれつきの「センス」や「人間性」が必要だという人がいますが、そうではありません。

生まれた瞬間に営業向きの人やそうでない人、売れる人と売れない人が決まっているわけがありませんよね。営業に必要な能力はすべて後天的なもの。努力次第で何とでもなるのです。

おしゃべりが苦手だから自分は営業には向かないなどと落ち込まなくても大丈夫。おしゃべり好きだから商品が売れるわけではありませんし、今の時代はむしろ無口な人の方が営業に向いているかもしれません。

ステレオタイプな〝営業〟のイメージにまどわされないよう注意しましょう。

営業は楽しんだもの勝ち！

では〝営業〟に向く・向かないは何で決まるのでしょうか？　気合いや根性？　熱意？　もちろんこれらも必要なものですが、これだけで売れるわけではありません。営業に必要なもの、**それは「マインド」です。**

みなさんは〝営業〟にどんなイメージを持っていますか？　インターネットで「営業」と検索すると、残念ながら「辞めたい」とか「つらい」とか「ストレス」などといったネガティブな単語が表示されます。「無理やり売り込む」と思っている人もいるかもしれません。でもトップセールスはみな「営業は楽しい」といいます。このマインドこそが営業に欠かせないものなのです。

営業はコミュニケーション

営業は「押し売り」ではありません。「欲しい人」を見つけて「購買行動につなげる」仕事です。難しそうに聞こえるかもしれませんが、何も特別なことではありません。

例えば子供に勉強をさせるとき、「やりなさい」といっただけではなかなかしませんよね。でも子供自身が「これは自分に必要なものだ」と思うようになれば、自然と〝勉強〟という行動に向かわせることができます。

営業も同じです。競合他社とは違う商品価値をお客さまに理解してもらう。コミュニケーションをとりながら、お客さまに「これが今一番必要なものだ」と思っていただける提案ができるか。これが営業の仕事なのです。

営業は他の分野でも活かすことができます。トップセールスは「営業は人生を豊かにする」といいますが、営業力はプライベートも豊かにするのです。

営業は企業のフロントマン

企業の倒産理由の約7割が販売不振によるものです。営業が商品を売らないと会社は成り立ちません。会社を支えているのは、営業だといっても過言ではないでしょう。

商品やサービスについてお客さまの反応を直接聞けるのも、営業の醍醐味です。会社を代表してお客さまから「ありがとう」と感謝される。

もちろん、時にはお叱りを受けることもあるでしょう。

でもコミュニケーションにおいてもっともつまらないのは、相手からの反応がないこと。会社や商品が世の中でどう評価されているか、役に立っているかを直に感じることができるのは、企業の一員としてやりがいにつながります。

最前線で会社を支える。それが〝営業〟です。自分が営業であることに誇りを持って、営業活動を楽しむ。まずはその「マインド」について考えていくことにしましょう。

1時間目

大事なのはマインド！

〜3人のレンガ職人の話〜

「3人のレンガ職人」というお話を聞いたことがありますか？ 次のような話です。

昔むかし。中世ヨーロッパでひとりの男が旅をしていました。ある町を通りかかったとき、3人の職人がレンガを積みあげているところに遭遇しました。気になった旅人は彼らに尋ねました。

「あなたは何をやっているんですか？」

1人目の職人は答えました。

「見ればわかるだろう、親方の命令でレンガを積んでいるんだ。大変だからもうこりごりだよ」

旅人は隣で作業している2人目の職人にも同じことを聞きました。2人目の職人はこう答えました。

「レンガを積んで壁を作っているんだ。仕事は大変だが生活のためだ。給料はいいからな」

３人目の職人にも同じことを聞きました。３人目の職人はこう答えました。

「歴史に残る偉大な大聖堂を造っているんだよ。この教会は多くの信者の心のよりどころとなり、完成したらたくさんの人が喜ぶだろう。完成までには１００年以上かかるけど、この仕事に携わることができてとても光栄だよ」

さて、ここで質問です。

もし、みなさんが家を建てるとしたら、３人のうち誰に頼みますか？

うーーん、３人目の職人かなぁ。

私も3人目がいいな。いい仕事をしてくれそうな気がする。

仕事の意義と意味を考えよう

この質問をすると、みんな「3人目」の職人がいいと答えます。なぜでしょうか？

う〜ん、多分、目的を持って仕事をしている姿勢にひかれるんだと思います。

そうですね。目的を持ってした仕事と、ただいわれた通りにやっただけの仕事では、自然とできあがりのクオリティも違ってきます。

どんな積み方でもレンガで壁を作ることはできるでしょう。しかし、「歴史的な価値のある大聖堂」という目的があれば、そこには「それにふさわしい壁を作ろう」という意識が生まれます。

いったん、今の仕事が何の役に立っているか考えてみようっと。

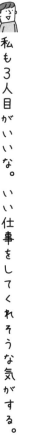

実はこれ、ビジネスの世界ではかなり知られた話で、マネジメントの父といわれるピーター・ドラッカーが仕事の意義と意味について考えさせる例として使っているんです。

でも営業となんの関係が…？

営業におきかえて考えてみましょう。

1人目は上司から「売れ」といわれて売りにきた営業。2人目は生活のために売りにきた営業。「買ってください」という裏には「あなたが買ってくれれば僕にはコミッションが入るんです」というにおいがする。

あぁ、確かに。嫌な感じがします。

3人目は「なぜこの商品を売っているのか」という目的意識や、「これを買ったお客さまにはどのようなメリットがあるのか」という意義を、しっかり持っている営業です。

お客さまからすれば、3人目の営業から買いたいですよね。

つまり、みなさんが3人目の営業とみなされないと売れるようにはならない。お客さまから〝**支持**〟**していただけない**んです。

そのためにも、お客さまから「なぜこの会社で営業をしているんですか？」と聞かれたときにはっきり答えられるようにしておきましょう。

ただ「買ってください」というのではなく、この会社で働く意義やその商品を売ることでどう社会に貢献したいのかという、**営業に対する誇りを持ってほしい**のです。

さて、もう1つ質問です。この3人のうち、誰と一緒に働きたいですか？

もちろん、3人目です！

でも、うちの会社には3人目のような人はいないなぁ…。

でしたら、あなたが3人目になればいいんです。

みなさんがこれからキャリアを積んでいく中で、この人と働いていてよかったなと思ってもらえるように、働く意義や営業に対する誇りは持っていた方がいい。そうすれば、みんながあなたと一緒に働けることを喜んでくれるでしょう。人は影響し合うもの。まわりもあなたに影響を受けて、自分が働く意義や営業への誇りを身につけるようになります。そうすれば、いずれまわりまわってあなた自身も3人目と働けるようになりますよ。

まとめ

◎働く意義、営業の目的意識を明確に持とう。
◎一緒に働きたいと思われる人になろう。

2時間目

お客さまから頼られる存在に！

～童話『うさぎとかめ』の教訓～

「うさぎとかめ」の童話はご存知ですよね。みなさんはうさぎの営業とかめの営業、どちらを目指しますか？

かめの営業でしょう。コツコツ努力すれば、いつかその努力は報われる…ということですよね？

残念ながら、目指すならうさぎです。

営業に関していえば、かめのようにコツコツ努力を続けていても「いつか報われる」とはいえません。「報われる努力」をしない限り、いつまでたってもその努力は報われないんです。

正しい努力の方法を知ろう

なかなか成績のあがらない営業が、うまくいかない営業の仕方を繰り返すということはよくあります。うまくいかない場合は、そのやり方を延々と繰り返すのではなく変えてみましょう。

「いつか報われるだろう」というかめの発想は根本から変えて、圧倒的に能力の高いうさぎを目指しましょう。誰よりも早く走って目標を達成して、思う存分さぼればいいじゃないですか。

なるほど…。

正しい努力の第一歩は自信を持つことです。

自信かぁ…。どうやったら自信を持てるようになるんでしょうか？

自信が持てるまで自分の取り扱っている商品・サービスについて勉強しましょう。それは、競合先を理解することであり、お客さまや市場を理解することでもあります。

みなさんは「お安くしておきますから買ってくださいよ」と**ひたすら頭を下げる営業**と「この商品はここがポイントです。他社製品にはありません」と**商品の魅力をアピールしてくる営業**、どちらから商品を買いたいと思いますか？

それは、ちゃんと商品の説明をしてくれる営業ですね。

そうでしょう。つまり、「お願い」営業や「ペコペコ」営業ではモノは売れないということなんです。お客さまは〝プロ〟から買いたいと思っている。だから**トップセールスは、自社の商品について誰よりも勉強している**んです。

知らなければ自信を持っておすすめできませんから。トップセールスに共通することにこの「自信」があります。売れているから自信があるのではありません。自信があるから売れるんです。

でもボクだって商品ラインナップくらいは覚えてますよ

商品名や数だけではありませんよ。**商品の強みと弱みを比べて強みの方が多くなるように、商品の魅力を知り尽くしてください。**

そうすれば自分が売ろうとしている商品に自信が持てる。「この商品は世界一だ、すばらしいものだ！」と、自分自身を洗脳するくらいの勢いで商品知識を身につけましょう。**誰よりもその商品のファンになってください。**

まとめ

◎ただのお願い営業は、報われない間違った努力。
◎商品知識で勝負するのが、プロがしている努力。

3時間目

営業〝センス〟はすべて〝努力〟！

〜口ベタ・コミュ障は関係ない〜

先生はお話がお上手ですね。おもしろいし、聞いていて楽しくなります。

ホント。うらやましい。私はお客さまとお話するのが苦手なんです。

よくしゃべる人を「口から生まれた」と表現しますけど、実際、生まれたときから話し上手な人なんていませんよね。人間のほとんどの能力は後天的なものであるという話にもある通り、私だって決して最初から話し上手だったわけではないんです。努力の結果。

え〜。信じられません。

学生時代、アルバイトで塾の講師をしていた頃には、誰もいない教室で模擬授業をして練習したり、会社に入ってからは寮で同期をつかまえて、セールスの練習をしたりと努力の結果、こうしてみなさんの前でもあがらずにお話しできる度胸がついたわけです。

へえ、じゃあ、あがるのは普通なんですね。

生まれながらにしてトップセールスなんてどこにもいません。**営業の能力はすべて後天的なもの。**よく「営業センス」などといわれますが、すべて努力の結果なんです。

それに、センスや人間性がいいからといってお客さまが商品を買ってくれるとは限りませんよね。おしゃべりが上手だから売れるとも限らない。今の時代、無口な方

がいい場合だってあります。
みなさんの先輩方も多分、いろいろなところでトレーニングされているはずですよ。

へぇ、みんな密かに努力してるんですね。

苦手の克服はまねることから

「話が下手、苦手」という自分に〝足りないところ〟がわかっているのであれば、それを克服するだけです。社内でも他所でも構いません。**こんな風になりたいなという人がいたら、その人に教わりましょう。**

教わるといっても…どうやって？？

新人のみなさんなら**身近な先輩をまねるのが一番**か

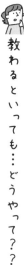

な。「まなぶ（学ぶ）」と「まねる（真似る）」は語源が一緒なんです。昔は「まねぶ」ともいわれていたとか。自分が〃まね（真似）したい〃と思う人のやり方を「まねぶ」ことからはじめるのは、いわば学びの基本ともいっていいでしょう。

この先輩おもしろいな、この雰囲気をまねしたいなと思う先輩がいたら、その先輩が余裕のある時間、食事時や休憩時間、残業時間などを共有させてもらい、自分のセールストークを聞いてもらうといいですね。

まとめ

◎本番前の練習が、営業センスを育てる。
◎あこがれの先輩をまねしてみよう。

4時間目

営業成果は掛け算だ！

〜能力×行動量＝営業成果〜

「マインド（意識）」が大事だというお話をしてきましたが、私たち営業に必要なものがあと2つあります。何だと思いますか？

？？？

正解は**「ナレッジ（知識）」「スキル（技術）」**です。それぞれ詳しくは、明日以降の講義でお話ししますね。ところで、営業の成果ってどうやって計れると思いますか？

？？？

この「マインド」「ナレッジ」「スキル」がつま

り「能力」。この**「能力」に「行動量」を掛けると、「成果」がでる**のです。頭でっかちで行動しないのもダメだし、行動がともなわない学習も無意味。

　サッカーの元日本代表監督がワールドカップで負けた際に「チームに『自信』が足りなかった」といいました。

　勝つチームに必要なのは「技術」「戦術」「運動量」、そして「自信」。この4つがそろってはじめて勝てる。ところが「自信」がゼロだった。掛け算で「ゼロ」が1つでもあると結果も「ゼロ」だと。

確かに…。

　営業の成果も同じです。自信も含めた「マインド」、「ナレッジ」、「スキル」、それに「行動量」。1つでも欠けていたら、「成果」はでません。

学んだことを営業活動に活かそう

この本は営業に関する「マインド」「ナレッジ」「スキル」を学び「能力」をあげるためのものです。「マインド」については月曜日、火曜日は「ナレッジ」について、水曜日・木曜日・金曜日で「スキル」についてお話ししています。**「行動量」はみなさん自身にかかっています。**読んだだけでは成果はでません。この本で学んだことを、日々の営業活動の中で積極的に活かす＝行動にうつしていかないと、成果にはつながらないことを知っておいてください。

はい。

最初は試行錯誤することもあると思いますが、**積極的に行動してください。**行動した結果、成功体験が増えていけば、それが自信にもつながりますから。

例えば、高校野球。高校生が甲子園の大舞台で緊張しないわけがない。だから「絶

私に自信がないのは練習量が足りないからかも！？

対勝てる！」という自信が持てるまで、とにかく練習をする。一種の洗脳といえるかもしれませんが、こうした努力が自信につながるんです。

みなさんも、トップセールスになる！　この商談をまとめる！　という自信が持てるところまで努力しましょうということです。

まとめ

◎マインド・ナレッジ・スキルに行動力が掛け合わさって、成果になる。
◎自信を持つには、練習で成功体験を記憶するのが効果的。

5時間目

夢や目標を持っていますか？

〜来年の自分を想像しよう〜

みなさんは、今の仕事で業績をあげることが、なぜ夢や理想に近づくのか、考えたことありますか？

？？？

難しかったかな。でもこれはとても重要なことなんです。次ページの図をみてください。

会社のビジョンと自分の夢や理想といった価値観が大きければ大きいほど「働く意義」、いいかえれば「やりがい」が見つかります。多分、就活のときにやってるはずですよ。

あ〜、確かに志望動機を書くときにやった気がします。

でしょう。もう一度それを思いだしてください。

「目標から逆算」するか「偶然を積み重ねる」か

みなさん、仕事上での将来の夢があると思います。部長になりたいとか、社長になりたいとか……。「キャリアパス」について何となくでも考えたことはあるでしょう。すでに目標から逆算してキャリアアップの計画を練っている意欲的な人もいるかもしれませんね。

キャリアパスを考える上では、「目標から逆算」して考えていく方法が一般的です。

ところがスタンフォード大学のジョン・D・クランボルツ教授が、アメリカで社会的成功を収めたビジネスパーソン数百人のキャリアを分析したところ、何と8割もの人が「たまたまそうなった」というのです。

○ 目標をクリアできる理由 ○

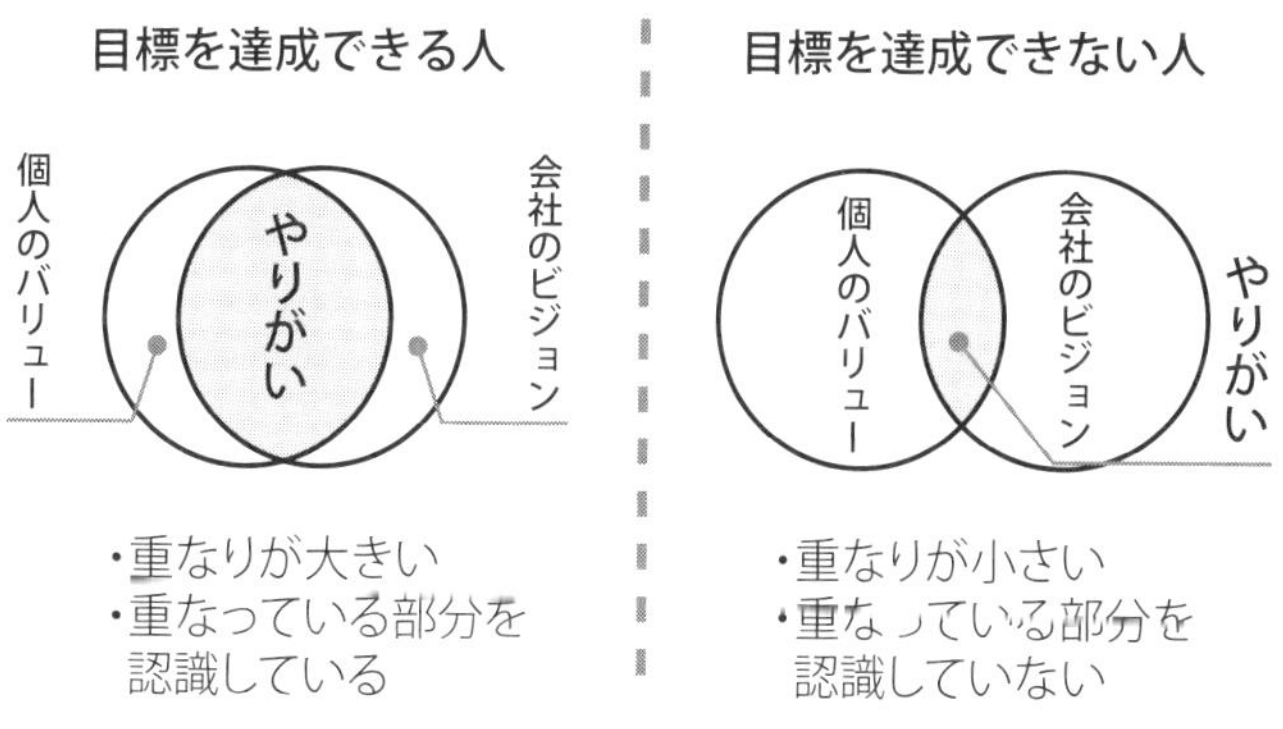

えー。羨ましい…。

18歳のときになりたかった仕事に就いている人はわずか2％という結果もでて、計画的なキャリアプランは達成できないことも多いことがわかりました。教授はこの結果から「個人のキャリアの8割は予想しない偶発的なことによって決定される（「計画的偶発性理論）」と発表し、次のことをあげています。

○「たまたまこうなった！」という人の共通項○

①好奇心、②持続性、③柔軟性、④楽観性、⑤冒険心の5つ。

＊「オープンマインド（開かれた心の態度・体制）」であることを前提

偶然も積み重ねていけば、いいキャリアにつながるんですね。

そうです。例えば、夜の山道で車を走らせるときは、ハイビームにしないとスピードをあげられませんよね。このように、先の見通しが立っていない状態では、行動は加速できません。ボクはライトを照らす距離の違いはあれど、実はあまり「目標から逆算」するやり方も、「偶然を積み重ねる」やり方も違いはないのではと思います。

新人の今、30年先の自分を想定するのは難しいかもしれません。ボク自身もそうでした。**でも半年先、1年先といった近い将来なら何となく想像できますよね。**

そのときどきの自分に応じた夢や目標を持つようにしましょう。

まとめ

◎将来の夢や、仕事上のあるべき姿を描こう。
◎30年先が無理なら、半年や1年後でも構いません。

6時間目

誰でもトップセールスになれる！

〜働きアリの2・6・2の法則〜

「2・6・2の法則」って聞いたことありますか？

いいぇ。

ビジネス書なんかによく書いてあることなんですけどね、人間が集団を形成すると、**「優秀な人が2割、普通の人が6割、残念な人が2割」**という構成になりやすいんだそうです。

へぇ〜。

会社を見渡してみましょう。2割くらいの人がトップセールス。6割の人がトップセールスに引っぱられて働いている。あまり営業活動に行かないで何してるかわからないような人も2割くらいいませんか？

ああ、わかるような気がします（苦笑）。

トップの2割を目指そう

みなさんはまだ6割の中のひとりかな。でも、この法則にはおもしろいところがあって、何しているかわからない2割の人をのぞいて同じ活動をすると、またその中の2割の人がリーダーシップを発揮して、2割の人が残念な状況になるんです。トップの2割の人だけを集めても同じ。

プロ野球で、一流選手ばかり集めても優勝できないのと似てますね。

○ 2-6-2の法則 ○

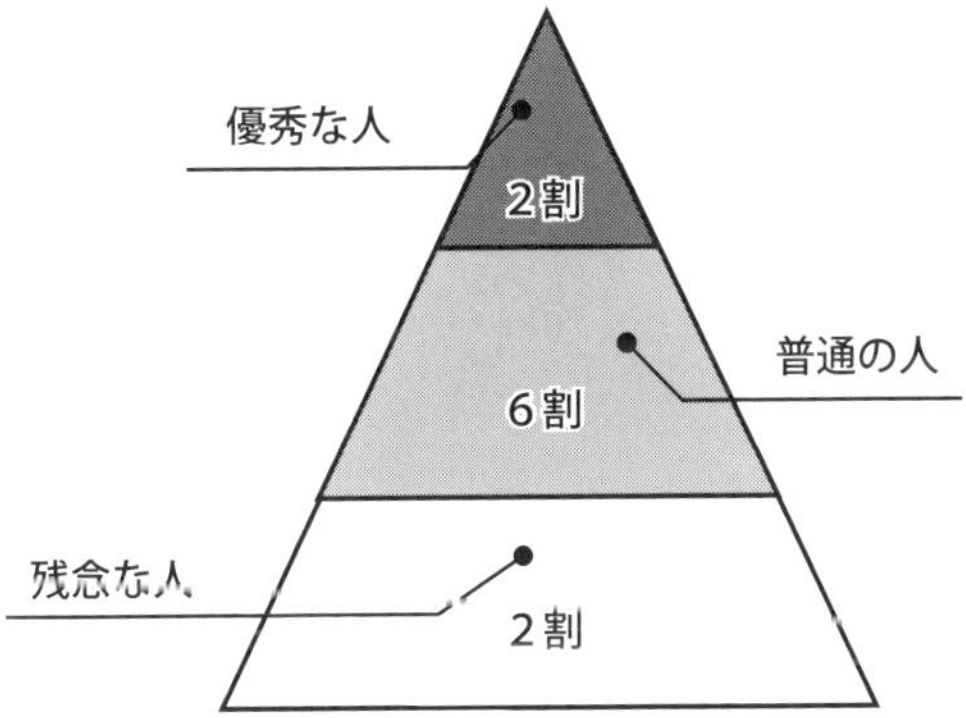

そうそう、そんな感じですね。サボってる2割の人を集めても、その中からリーダーがでてくる。おもしろいでしょう。つまり裏を返せば、**誰でもトップの2割になれる**ということ。**大事なのは人よりも気づく、そして行動するということです。**

真ん中の6割は気づいていても行動していない人。社内を見渡して不満ばかりいっている人はだいたいここに入っています。気づいているけど、行動しない。行動しないためにいい訳を探しているんです。行動したくないから現状維持でいい。

ほかの人が頑張ってるからいいや、みたいな感じですかね…？

頑張ってる人のことを見て見ぬふりをして、「売れない」理由ばかり探している人なんかもいませんか？

あぁ、わかります。

反対に、上位2割の人は他人よりアンテナを高くしてより多くのことに気づき、そして他人の倍以上の行動をしている。だから結果が出せる。

みなさんもこういう意識を持って行動すれば、トップセールスになれるんです。

月曜日の講義はこれでおしまい。

繰り返しになりますが、みなさんにはまず「マインド（意識）」が重要。営業が楽しくて誇りある仕事だという意識を持ち、すすんで行動できる人になってください。

明日はその意識を裏づけるための「ナレッジ（知識）」を勉強していきましょう。

まとめ

◎誰でもトップになれる。

◎現状維持思考が問題。気づいて行動できる人になろう。

補講

営業のプロセスを考えてみよう

〜営業はたとえるならパン工場〜

4時間目で営業の「行動量」について少しお話ししましたが、行動量を考える上でも**営業は「プロセス」が重要です。**

営業のプロセス…？

私はよくパン工場にたとえています。

パン工場では小麦粉、水、イースト菌などの材料から、次の4つの工程でパンを作りあげます。

①素材の配合

②生地をこねる

③発酵させる

④焼く

この4つの工程が1つでも欠けていたり、順番を変えたりするとパンはできません。もしおいしいパンができなかったとしたら、発酵の温度や時間にミスがあったのかもしれませんし、生地のこね方が足りなかったのかもしれません。そもそも材料に問題があったのかもしれません。「心をこめてこねなかった」といった精神論ではなく、そこには合理的な理由があるはずです。

たしかに愛情を込めたって、塩と砂糖を間違えたら……まずいですもんね。

営業も同じこと。

営業は引合い（問い合わせ）をもらってから、「受注」というゴールに向けて、大きく4つのプロセスを踏んでいきます。受注までいたらなかったら、この4つのプロセスの

○なぜおいしいパンができるのか？○

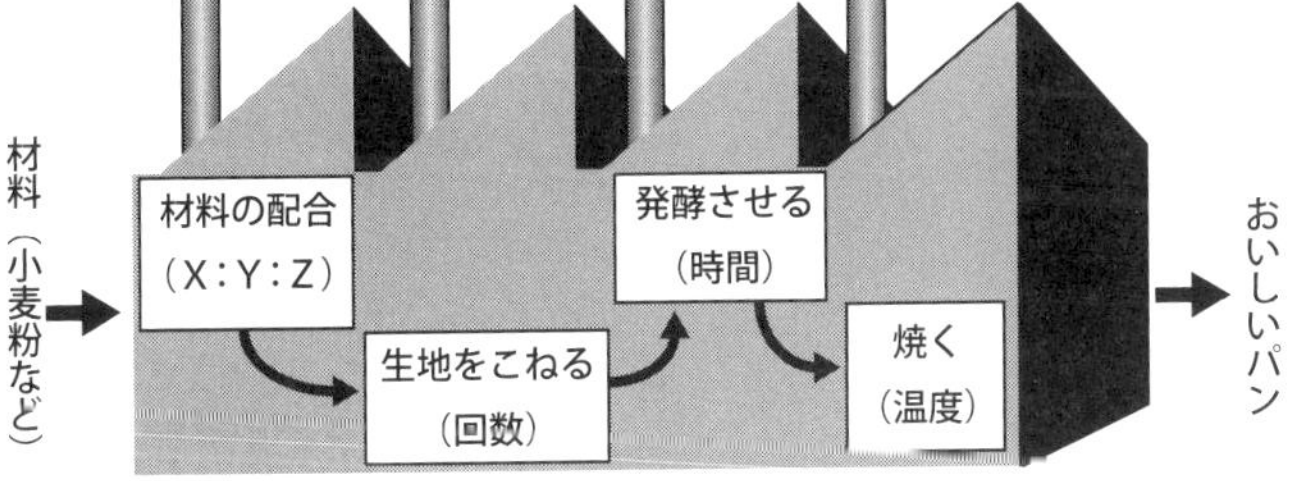

どこかに問題があったからです。商談の段階でヒアリングが不足していたのかもしれないし、提案の仕方が悪かったのかもしれない。どこに問題が発生したのか冷静に分析し、次回以降に注意していけばいいのです。

見直しが大事なんですね。

常にプロセスを振り返り、分析する。それを繰り返すことで、面談の後の提案に結びついていないのか、見積りまで順調に進んで稟議の段階で成約率が下がっているのかが見えてきます。客観的に見ることで自分の営業活動にはどういう弱点があるのかがわかり、失敗は少なくなっていくのです。結果的に商談の成功率もあがっていくでしょう。

まずは次ページの表を参考にして、自分の営業プロセスを設計してみましょう。

○ 営業６つのプロセス ○

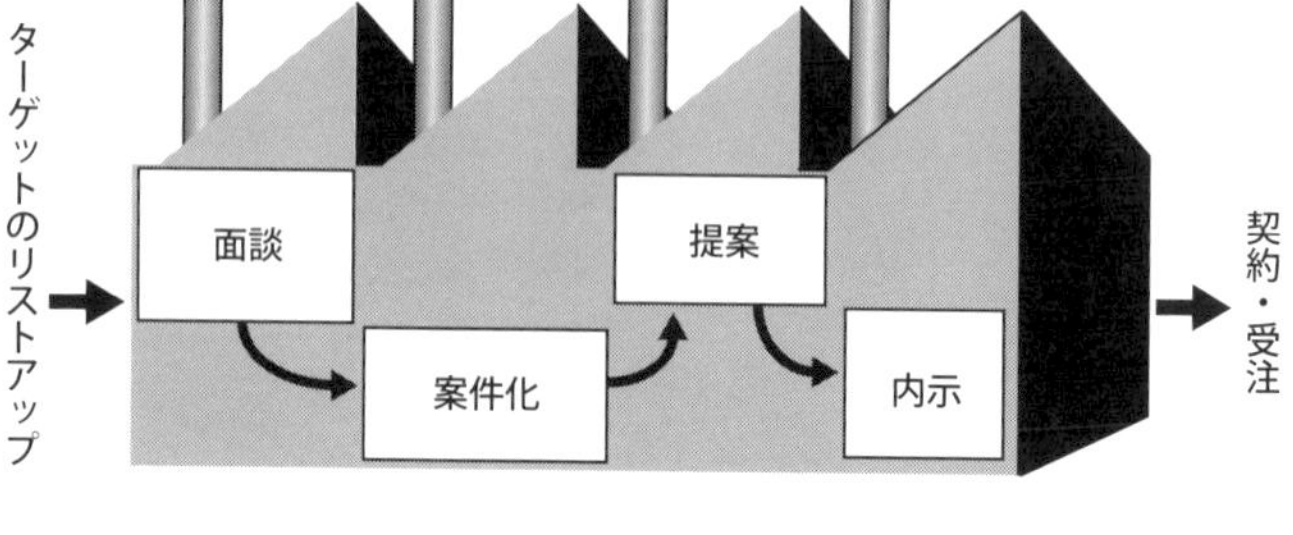

最終目標を設定して必要な行動量を考える

営業にはいくつかの型（スタイル）があります。
自分の営業スタイルはどれか、考えてみましょう。

■新規開拓型／案件型のプロセスマネジメント

プロセスを決めたら、目標から逆算してプロセスごとの行動量を決めます。それをPDCAサイクルでまわしていくのが一般的な手法です。

■ルート営業型／既存顧客深耕件型

既存顧客のターゲットリストをどういう優先順位でまわるか、どのお客さんにどの商材で取引をのばすか、戦略を決め、一軒一軒に対して年間のスケジュールにもとづいて段どりを決めます。

○ 営業プロセスの進行度 ○

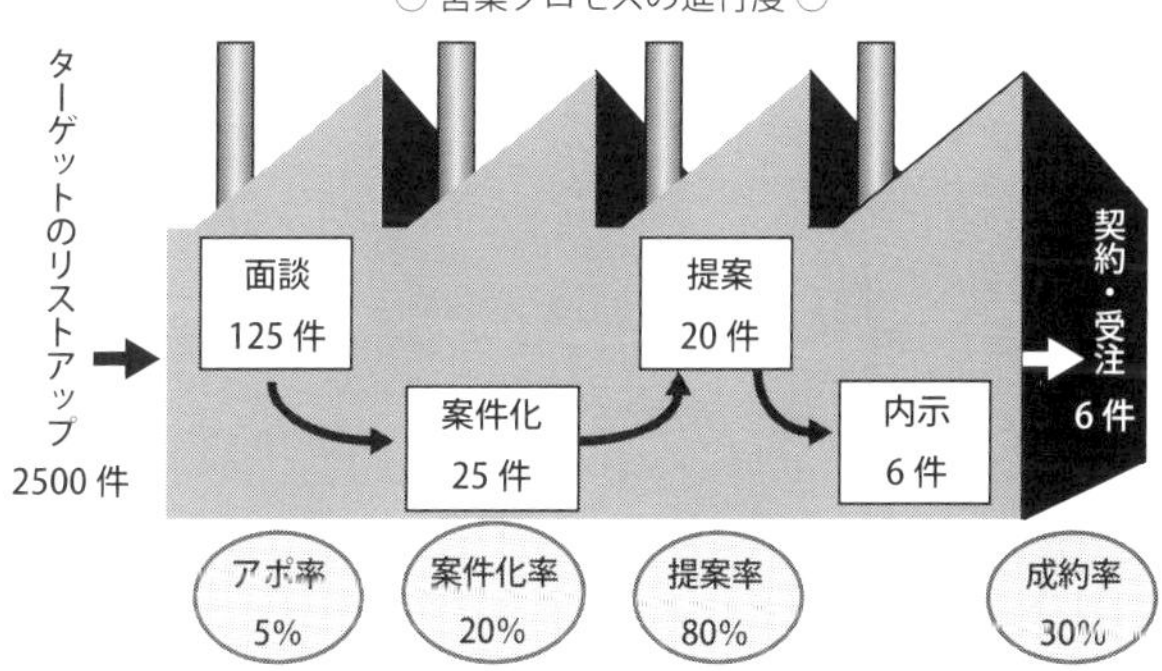

うちは、新規の契約をとるタイプだから、目標から逆算して行動します！

ボクの会社は、お客さまが決まっているから、まず優先順位を決めるのが大切なんですね。

新人のうちは少し難しいかもしれませんが、プロセスを考えることで、営業活動は「科学的」なものとなります。分析して「カイゼン」が可能になるのです。まずは今の仕事のプロセスと目的を意識して行動するようにしてください。

まとめ

◎自分の営業プロセスを振り返り、弱点を知ろう。
◎最終目標から必要な行動量を計算しよう。

火曜日

相手にプロだと思わせる

「知識（ナレッジ）」

「知識（ナレッジ）」の心得

営業活動の全体像を知ろう

ポイント

- 戦略を立ててお客さまを攻略しろ！
- お客さまが来てくれる営業をしろ！
- 断られることを恐れるな！

営業は、売るために戦略、つまり「何」を「誰」に「どうやって」売るのかの組み合わせを考えなくてはなりません。「何」は、商品やサービスの知識。「誰」はお客さま。お客さまのニーズにあった、商品の説明をする必要があります。「どうやって」というのは、「いつ、どこで、どのように売るのか」ということ。営業のプロセスを知っておく必要がありますね。

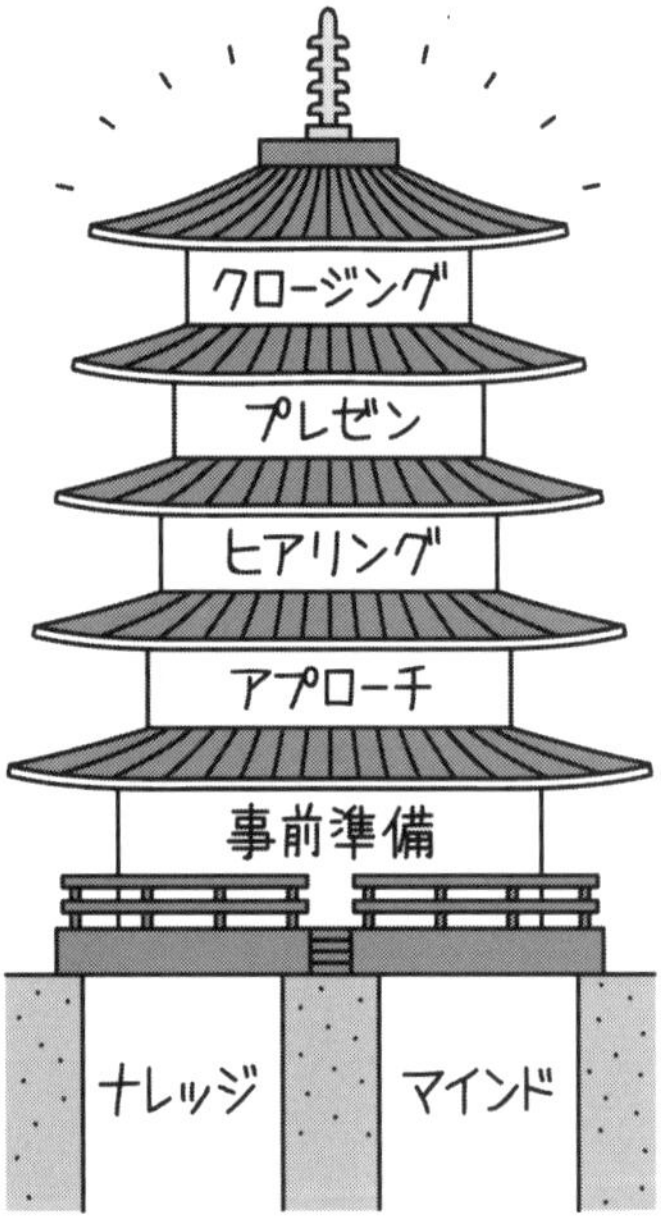

自分だけの戦略を考える

取り扱っているアイテム数が多かったり、特殊な製品だったり、さまざまな理由から「うちの営業はちょっと違うから」「うちの営業は難しいんだよね」と思っている人も少なくないでしょう。

「いつ、どこで、誰に、何を、どのように売るのか」の組み合わせは、商品数が多いほど複雑になります。

複雑な組み合わせをいかにシンプルにしていくか。これが「戦略」です。いろいろな営業法から、効率的かつ効果的な攻略方法＝あなたなりの営業法を見つけましょう。

勝ちパターンが見つかれば、それをスピードアップしてまわしていくだけ。営業はどこかロールプレイングゲームにも似ているかもしれませんね。

ゲーム感覚を持つことは営業として成長するきっかけにもなります。

人を動かす攻略法を見いだせれば、ビジネスだけでなく人生も豊かにできるでしょう。

お客さまから来てくれるプル型営業

営業には「プッシュ型」と「プル型」があります。

プッシュ型営業とは、自分から積極的にお客さまに接触していく営業スタイルです。いわゆる飛び込み営業やテレアポなどがあります。今の時代、プッシュ型営業ではなかなか売れません。「下手な鉄砲も数撃ちゃ当たる」という考え方は古いといっていいでしょう。頭を使って効率的で効果的な営業法を考えて動くことが大事です。

プル型営業とは、お客さまから商品にアプローチしてもらう営業スタイルです。ニーズを持つお客さまが求めている商品と出会うことができます。

プル型営業の方法は、WEBサイトやDM、SNS、FAXなどを利用していっぺんにお客さまにコンタクトをとり、商品に興味を持ったお客さまからアプローチしてもらいます。直接会社に来てもらったり、イベントに参加してもらうといったコンタクトのとり方もあります。商談や工場見学などで自社にいらしていただくことも大事です。

断られても当たり前

一般的に企業認知度がない場合、新規客に対するテレアポは、アポイントがとれる割合が1〜2％といわれます。これを、キーマンをリサーチして電話をしたあとDM送付、フォロー電話というやり方に変えると、4〜8％まであがります。ちなみに飛び込みだと、訪問数に対する成約率でいえば0・02％程度だったりします。

こうした自社のマーケティングの数字を知らないと、断られて落ち込んだり、営業電話が怖くなってしまうこともあります。

野球も、どんな名選手でも打率4割にはいかないもの。いずれにせよ、一定の割合は断られて当たり前と知っておきましょう。

1時間目

営業は〝押し売り〟じゃない！

～お寿司を500円で食べるには？～

月曜日は営業には〝マインド〟が大事というお話をしましたが、どうですか？　少しは営業が楽しくなってきたかな？

うーーん…。

ははは。まぁ、この本を読んで実践してくれれば、これから仕事をしていく中で、営業がスマートで世の中の役に立つやりがいのある仕事だということが、少しずつでも実感できていくと思いますよ。

スマートな営業かぁ。かっこいいですね。あこがれます。

あらためて聞くけど、みなさんは〝営業〟にどういうイメージを持っていましたか？

お客さまを訪問して商品を売るというぐらいで、特別なイメージはなかったです。

うちはルート営業なので、御用聞きみたいな感じで考えていました。

実際やってみてどうですか？

簡単には買っていただけません……。

でもお客さまから「こういうのないですか？」って相談されることもあります。

あ、ある。この間、お得意先を訪問したら「○○で困ってるんだよね」っていわれました。

時代は「売る」のではなく「ニーズを満たす」こと

営業の「つらい」「しんどい」といったネガティブイメージは、昔の話。確かにモノが少なかった頃、それこそ飛び込み営業やらテレアポなどで「我先に」とお客さまに接触し、バナナのたたき売りのように売っていた時代もありました。いわゆる「プッシュ型」と呼ばれる営業スタイルです。「営業マンは足で稼げ」といわれたものです。

でも今は違います。モノがあふれ、機能も高度かつ複雑になり、自分にはどの商品が合うのか判断に迷うお客さまが多い。そうした中、**お客さまの悩みや問題を聞いて、その道のプロとして解決策を提示する営業が求められている**のです。

今、求められる営業の役割は「モノを売る」というよりは「お客さまのニーズを満たす」こと。そしてそのニーズを満たす手段として、自社の商品やサービスを紹介し、その結果としてお客さまにご購入いただくのです。

今お話しした現代の営業スタイルは「**ソリューション営業**」と呼ばれています。

お客さまの悩みを聞くスタンスで営業しようっ。

営業もお客さまも得をする関係を作る

さてここで問題です。あなたがこの営業スタイルを身につけた寿司屋の大将だとします。1人のお客さまが入って来て次のようにいいました。

「大将、お腹がペコペコなので、ガッツリ食べさせてもらえますか。ただ、500円しかないのですが何とかなりませんか？」

さぁ、大将であるあなたはならどう対処しますか？

うーん、安いネタで何とかする。

赤字覚悟で食べさせてあげるとか。

それじゃ、儲けがないでしょう。

いっそ近所の牛丼屋でも紹介するとか…。

「お客さまのお腹をいっぱいにする」という点ではそれも1つの解決方法ではあるけど、「お寿司を食べたい」というお客さまのニーズは満たしてないよね。

そんなこといわれても…。

例えば、**「不足分は皿洗いやトイレ掃除で補ってもらう」「新作を試食してもらう」「ネットで美味しいとつぶやいてもらう」**とか。

こうした行為を対価として払っていただくというアイデアはどうですか？ こうすれば、お客さまはお腹いっぱいお寿司が食べられて、お寿司屋さんも損はしてませんよね。

これがお客さまのニーズをくみとって課題を解決する中で自社商品やサービスを販売し、お互いに長期的なWin-Winの関係を構築するということなんです。

まとめ

◎まずは興味を持ってもらうことが大切。
◎お互いに得をするWin-Winの関係を作ろう。
◎意外性のある提案も盛り込もう。

2時間目

「売る」ということの意味
～売上と利益～

最初に基本知識のおさらいをしておきましょう。

みなさん、**「受注」と「売上」の違いはわかっていますか?**

「受注」は、注文を受けることです。

そうですね。文字通り、お客さまから注文を受けることが「受注」です。では「売上」は?

商品が売れたとき、かな?

代金が支払われたとき、じゃない?

「売上」は「受注」した商品をお客さまにお渡しするときに発生します。代金が支払われることは「入金」です。**では「利益」って何を指すかわかりますか?**

いくら儲かったか、ということですよね。

そのとおり。「売上」は商品をお渡ししたときにいただく金額。いくらで売れたかを指します。「利益」はその「売上」の中からかかった費用を引いた残り、つまり〝儲け〟ですね。

これは基本中の基本ですから、きちんと覚えておきましょう。

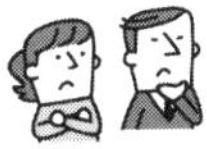

はーい。

一般的な営業活動の業務フローは下の図のようになります。このプロセスの中で、どの段階まで

◯仕事の流れ～提案から入金まで～◯

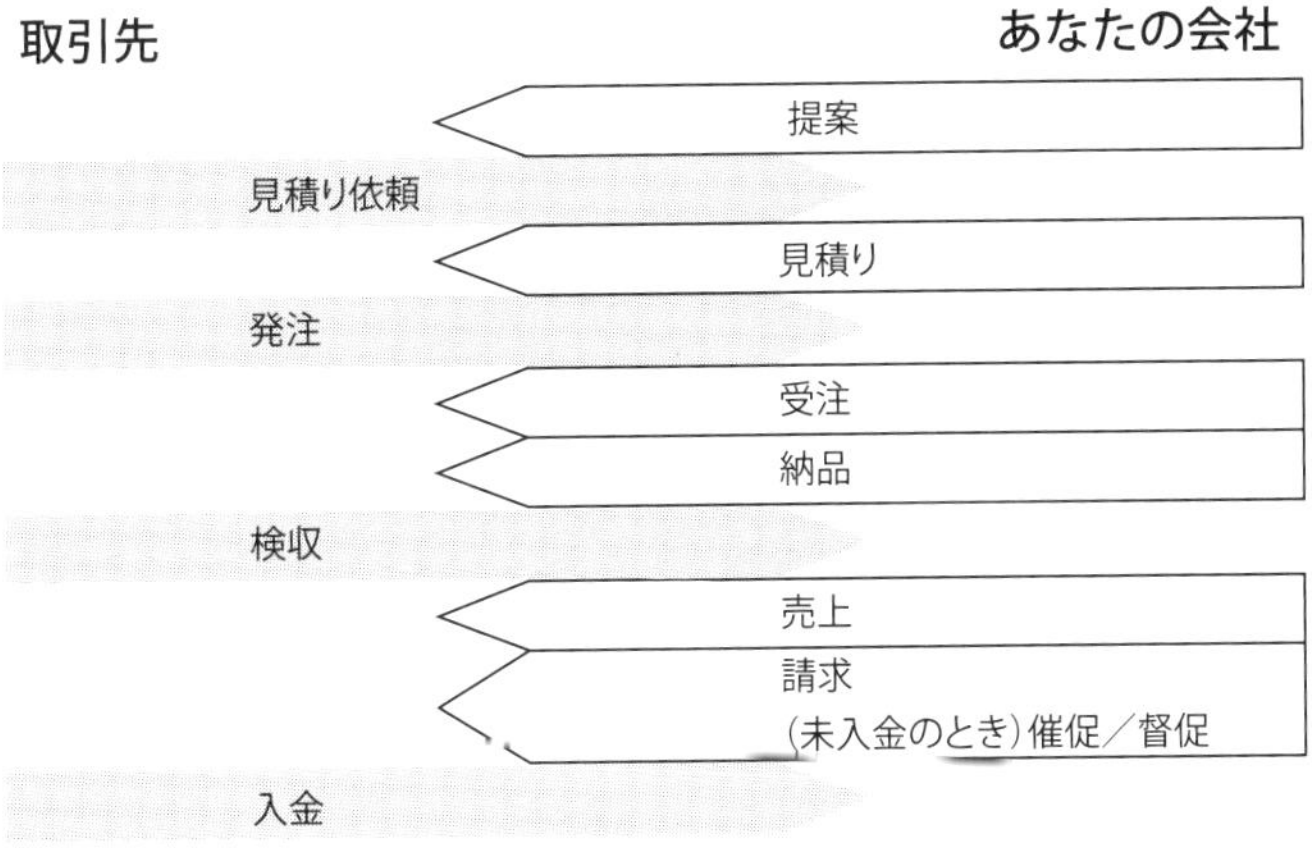

を営業が担当するのか確認しておきましょう。

え、いずれ全部担当になるのかと思ってました。

会社によっても違いがあります。自分の責任で担当するのはどこまでか、「受注」までいいのか、検収書を受けとればいいのか、入金の確認までするのか、きちんと把握しておきましょう。

はーい。

決算書を読んでみよう

「儲け」を大きくするためには費用は小さく、売上を大きくすることが基本です。

「利益」には種類があります。

配属後は担当する仕事のはじまりと終わりを先輩に確認しようっ。

利益に種類？？

会社の決算書類をみたことがありますか？

ホームページでちらっと見ましたけど、よくわかりませんでした…

損益計算書では次の5つの利益を計算します。

①売上総利益（粗利）

売上から売上原価を引いた利益。「粗利」とも呼ばれます。

②営業利益

①の売上総利益から、売上をあげるためにかかった費用（販売費や一般管理費）を引いた利益。

○ 利益の種類 ○

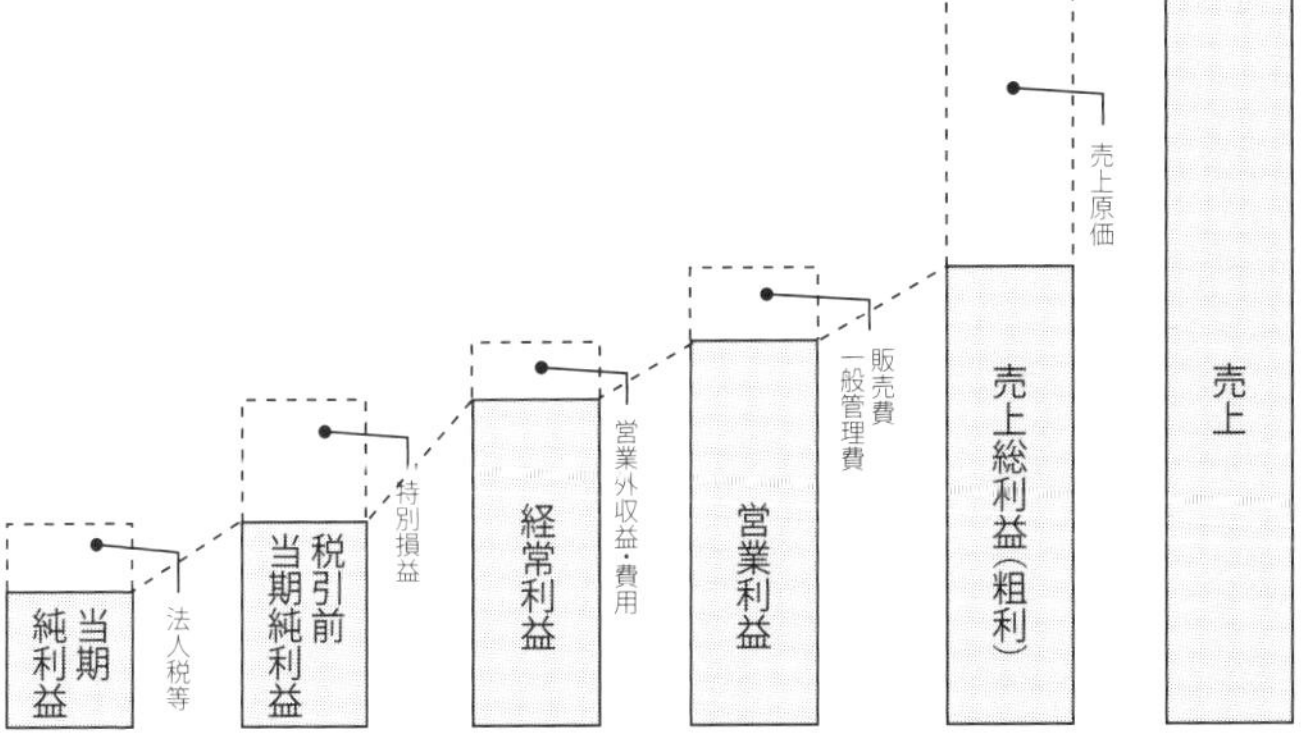

③経常利益

②の営業利益にそれ以外の利益を足して、営業外費用を引いた利益。

＊営業外収益：受取利息や受取配当金、有価証券売却益など、主な業務以外で得た利益

＊営業外費用：支払利息や有価証券売却損など、主な業務以外で失った費用

④税引前当期純利益

③から固定資産売却益などの特別利益や災害損失などの特別損失を差し引いた利益。税金を支払う前の当期の総利益。

⑤当期純利益

④から法人税等を差し引き、最終的に残った利益。

なるほど。

営業として、①売上総利益と、②営業利益は常に意識しておきましょう。

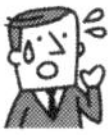

どのように見たらいいんでしょう？ 目安の数字などあるのでしょうか？？

売上高の目安は、業界によって違います。下の表を見てください。

調べたい会社の売上高総利益率（売上総利益を売上高で割ったもの）が、この表の平均よりも高いと、営業力の強さや商品の良さを意味します。反対に、平均よりも低いと、営業力の低さ、原価の高さや商品の魅力のなさといったさまざまな原因が考えられます。

○ 中小企業における業種別売上高総利益率の平均値 ○

単位：%

建設業	製造業	情報通信業	運輸業	卸売業
18.92%	21.83%	43.36%	25.28%	15.99%
小売業	不動産業	飲食・宿泊業	サービス業	
26.88%	49.47%	64.12%	28.67%	

参考：「中小企業実態基本調査報告書」中小企業調査・発表 2013年度

自分の値段を知ってる?

みなさんは、会社が自分に支払っている〝コスト〟を考えたことがありますか?

ありません…。

手どりのお給料以外に、会社は税金、あなたの社会保険料の半分を負担してますよね。だから、自分の給料のだいたい1・15倍くらいが会社があなたに支払っているコストです。

へぇ…給料分だけじゃないんですね。

業種や特に営業人数の割合や利益率などにもよりますが、一般的にあなたが給与の4倍（25%）〜8倍（12・5%）の売上をあげないと、会社が利益をだすことができません。つ

○ 自分の給与を支払うためにいくら必要? ○

給与÷売上高純利益率（粗利益×売上高）÷営業人数割合（営業人数×全従業員数）

例えば、給与20万円、粗利益30%、営業人数20人、全従業員数100人だとすると……

→ 20万円÷30×100÷20名×100名＝333万円

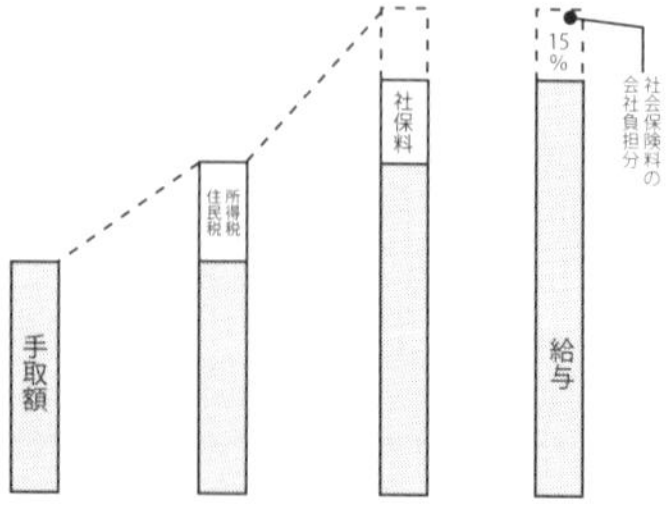

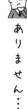

まりこれが、あなたが黒字社員か赤字社員かの境界線になりますね。

うわぁ…知りたくないような…。

営業は、あなたを支えてくれる営業以外のスタッフ分のお給料も稼ぐのが仕事なんです。いきなりトップセールスになるのは難しくても、自分1人のお給料分の売上や利益だけではまだ不採算の赤字社員なんだという**コスト意識は持ってほしい**ですね。

まとめ

◎会社の決算書を見てみよう。

◎他の社員の分も稼げれば、黒字社員。

3時間目

組織で営業しよう
～上司や先輩を使え！～

営業活動は個人で完結するものだと思っている人も案外多いのですが、**「組織営業」という視点を持つようにしましょう。**

組織営業ですか？

そうです。クレームがきたら、みなさんは自分1人で対応しますか？

いや、1人では無理です。

私もすぐに上司に相談します。

そうですよね。それと同じです。会社案内のパンフレットを持参するのも、上司に同行してもらうのも営業手段の1つ。言葉は悪いですが、上司や先輩は積極的にどんどん使いましょう。また、**上司を使わないと成約まで上手く進まない顧客や案件はあって当然。**その場合、どのタイミングで上司や先輩に同席してもらうのがいいのかを考えてください。

同行のタイミング

タイミングというと？

面談の相手がキーマンのときに上司に同行してもらう、ヒアリングのときにエンジニアに同行してもらう、クロージングのときには上司や部長など決裁権を持つ人に同行してもらうなどですね。

何でも自分でやらなければいけないという誤解は禁

Tuesday

物です。適切なタイミングで相談できるのも実力のうち。自分の能力、限界を知らないと適切な助けを求められませんからね。**自分を知り、相談できる能力は新人営業が真っ先に身につけたい能力の1つ**といっていいでしょう。

法人営業は〝点〟ではなく、〝面〟で

法人営業の場合、組織戦だと考えましょう。

例えば自分が営業している相手が、商談に後ろ向きだったらどうしますか？

うーん、別の人にアプローチしてみるとか？

それも1つの方法ですね。いっそ、上司から先方の上司にコンタクトしてもらうという手もあります。

担当同士の〝点〟で商談を進めるのではなく、上司と上司、経営層と経営層を引き合わせて〝面〟で進めることも大事です。

接待ですか？

それも必要ですよ。顧客の誰と自社の誰を、どういう状況で対面させるか。食事の席がいいのか、ゴルフがいいのか。こうしたコーディネートも仕事のうち。

代理店や流通店と組んで営業する場合も同じ。エンドユーザーに対して代理店がどう売るか。そのために自分たちはどんな支援ができるかを考えましょう。

部下として上司を動かすこと、代理店を動かすこと、お客さまに購買行動をとらせること、家族を動かすこと。**人を動かすことすべてが「営業」**なんです。

まとめ

◎進まない案件は、上司に相談する。

◎人を動かすのが、営業の仕事。

4時間目

何を売るかを考える
～価値とは何か？～

マーケティングとは、「誰に」「何を」「どう売るか」を考えることです。

「誰に」とは、お客さまのことですが、これについては次の時間で考えることにして、この時間は「何を」について考えてみたいと思います。

「何を」は当然、商品やサービスです。さて、みなさん、自分が売っている商品がお客さまから選ばれている理由を理解していますか？

他社製品にはない機能が評価されているのだと思います。

競合商品よりコストパフォーマンスがいいからだと思います。

売っている商品やサービスに自信を持てない営業は売れません。徹底的に商品研究をし、理解を深めましょう。

商品知識なら任せてください！ちゃんと覚えてますよ！

頑張っていますね。ただ、どんなに商品知識を学んだとしても、パンフレットのように商品の特徴やスペックを並べ立てて説明するだけでは十分とはいえません。

え、どうしてですか？

お客さまごとにニーズは違うはず。お客さまのニーズや困っていることに応じて、その商品のメリットを説明できないと興味を持っていただけないからです。

お客さまのニーズや問題と商品の特性が合うところに、

商品の「価値」が生まれます。

「もしお客さまが○○したい（ニーズ）なら」または「○○（問題）でお困りなら」、「弊社の商品・サービスは○○（特性）なので、○○（価値）できます」ということ。

お客さまの状況や立場によってもニーズや問題は変わりますから、何を商品の「価値」としてとらえるかも違ってくるのです。

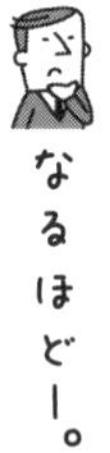

商談でいきなりパンフレットをだすような営業は嫌われます。お客さまがこの商品に興味を持つだろうと確信してからパンフレットをだすのが、正しいのです。

競合他社を知れば、商品の売りがわかる

営業のプロとして、商品についてもまた業界についても最低限の知識は身につけておきましょう。よく競合するライバルのことを知らないようでは、営業は務まりません。

次からお客さまごとに、アピールポイントを変えてみようっと。

競合先について調べ、競合比較表を作っておくといいでしょう。

自社商品については、実際にご購入いただいたお客さまにインタビューするのもいいですね。

何て聞けばいいんですか？

「他にも選択肢があるにもかかわらず、なぜ弊社の商品をご選択いただけたのでしょうか？」

この問いに対する答えこそ、その商品の最大の強みです。**「微差こそ大差を創る」**。このことを理解して、わずかな違いも見逃さずに訴求力を高めるように心がけましょう。

○ 競合比較チェックシート例 ○

	自社	A社	B社
商品名	さくっとチョコ	しっとりチョコ	はじけるチョコ
価格	△200円	◎100円	○150円
市場シェア	○2位　30%	◎1位　40%	△3位　20%
特徴・差別化	品質	価格	メディア
顧客層	富裕層	学生	子供・親
エリア	デパート	コンビニ	スーパー

◯ 競合先に関する情報入手方法 ◯

①競合他社のHPを見る

②資料を入手する

＊競合商品の資料だけでなく、雑誌、新聞、きんざい業種別審査辞典などから業界情報も集めましょう。

③顧客に聞く

④店舗やショールームや展示場に見に行く

⑤見込客のふりをして、電話で問い合わせる

まとめ

◎お客さまのニーズに合わせた商品価値をアピールしよう。

◎競合他社の情報を集めよう。

印象ＵＰ！　電話営業

電話でアポイントをとるとき気をつけたいのは、お客さまにゆだねる聞き方をしないこと。「いつごろがご都合がいいですか？」ではいつまでたってもアポはとれません。

Ｙｅｓ／Ｎｏの二択にしたり、「〇月〇日〇時のご都合はいかがですか？」「〇月〇日の午前はいかがですか？」など、相手が応えやすい聞き方をしましょう。

Web サイト経由で問い合わせが入った場合は、20 分以内に電話をかけなおすといいでしょう。相手の記憶が新しいので、アポがとりやすいことが多いですね。また、電話がつながったということは、お客さまがその場にいるということでもあるので、場合によってはすぐに訪問することもできます。

5時間目

誰に売るかを考える

〜お客さまはどこにいる？〜

みなさんは自分で顧客リストを作っていますか？

はい。作ってるんですけど増えすぎちゃって。

何でもかんでも顧客リストに入れていませんか？これだとハズレが多いくじを作っているようなもの。引いてもハズレばかりでは、引く気もなくなります。まずは、できるだけ当たりの割合が多いくじを作ってテストマーケティングをしてみるところからはじめましょう。

やみくもに500件の顧客リストを作るのではなく、仮説に基づき、見込みがありそうだと思われる顧客20〜30件くらいをリストアップしてまずはテスト営業してみるのです。

テストマーケティングの結果、ある程度行けそうだという確信が持てれば100件、500件とリストを増やしていけばいいのです。

見込みを考えて増やすんですね。

お客さまの商品やサービスへの興味や関心の度合いは、状況や立場などによって大きく変わります。その商品をすぐにでも必要とするお客さまもいれば、存在すら知らないお客さまもいます。

顧客リストにあるお客さまがすべて買ってくれるとは限りません。

マーケティングは、顧客リストから**商品に無関心なお客さまを削除して、見込み客に絞り込んでいく活動**といってもいいくらいです。

すぐに買ってくれる人は1%しかいない

そもそも市場には限りがあります。お客さまも無限にいるわけではありません。

まずは市場の大きさを把握するところからはじめましょう。商品のターゲットとなるお客さまで、すぐにでも商品を購入して問題を解決したいと思っている人は全体の1%程度しかいません。

い、1%ですか……！

興味を持って検討してくれるお客さまがせいぜい3〜5%。自発的に「商品を買いたい」と思うお客さまはそういないということです。

そのうち必要になる「そのうち層」では、全体

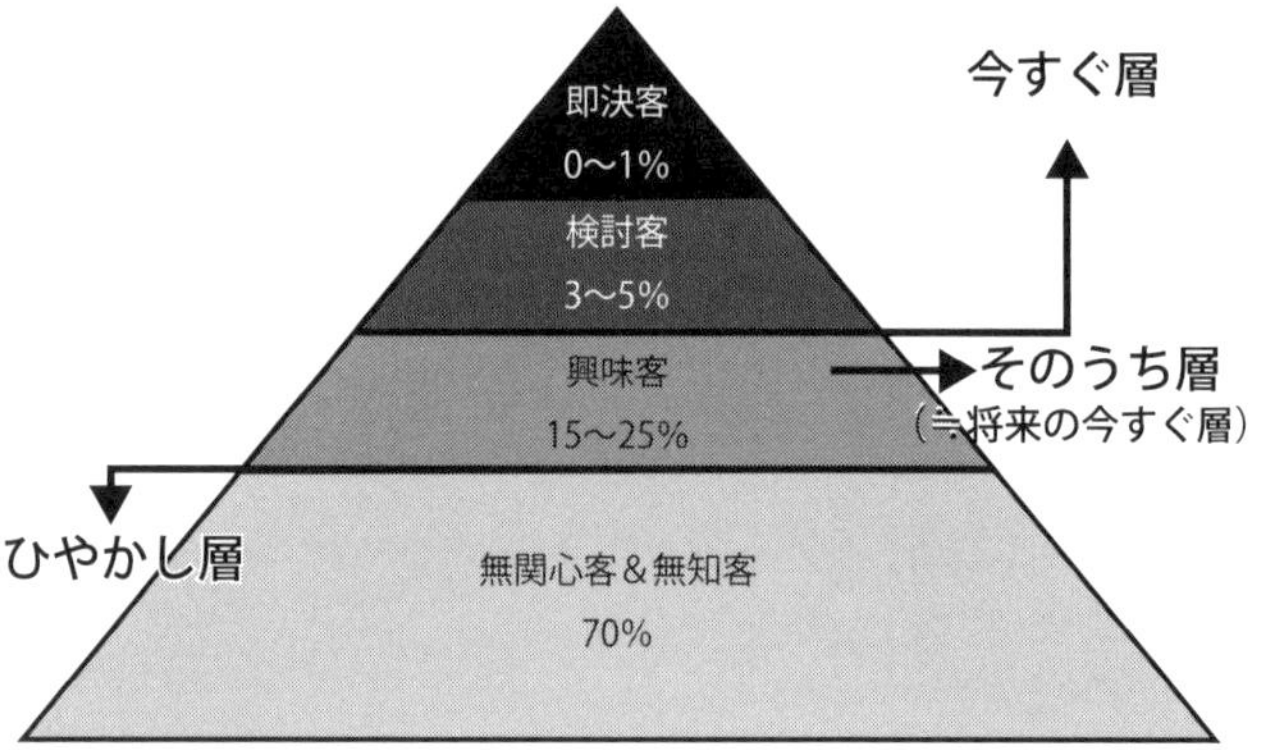

の15～25％くらいです。しかし、「無関心客」「無知客」が全体の7割以上を占める。つまりすべての見込客にすぐに商品を買ってもらおうなんて考える方が無謀なんです。

なかなか成果につながらなかったのは、それが理由だったのかも…。

みなさんが明日にでもアポをとって継続的に訪問すべきは「興味客」以上のお客さま。7割のお客さまは場合によっては営業活動から除外することも必要になります。自分で顧客をリストアップする場合は、仮説に基づいて絞り込んでいきましょう。商品に興味を持ちそうなお客さまの条件を考えて選別していくのです。リストアップした数の多さで満足してはいけません。大事なのはどれだけ見込みがあるかです。

まとめ

◎見込みがある顧客リストを作る。
◎興味客以上のお客さまに営業をかける。

6時間目

商談につながるフォローの仕方

～お客さまに忘れられないために～

上司から見込み客フォローを忘れずにするようにいわれるんですが、何をしたらいいんでしょうか？

見込み客のフォロー、大事ですよ。ただ、これをやっておけば大丈夫というようなものはありません。

アポを断られても、フォローが必要？

今すぐ検討はできないけど、いつか買うかもしれない興味客は、15～20％いるといわれます。今回、断られたお客さまは、「今のタイミングじゃなかった」というだけのこと。一定期間後に再度当たればいいだけです。捨てるわけではありません。ただし可能性のない見込客は、今は追ってはいけません。

お客さまの記憶に残す工夫

手紙・DM・メールなどを活用します。一斉メールやメルマガでもいいでしょう。

一斉メールなら楽ですね。

でもやっぱり手紙のほうが良かったりします？

手紙のほうが、インパクトはありますね。ただし、ひな形を活用しても構いませんが、一見して定型文だとお客さまが感じてしまうものはダメです。

お客さまとの面談内容を踏まえたり、お客さまのために収集した情報に基づいてオリジナルの世界で1つの手紙にすることを心がけましょう。その他大勢と一緒の文

面ではインパクトがなく、捨てられてしまいます。

フォローの許可をもらう際にいってしまいがちな「定期的に情報誌をお持ちさせていただいてもいいですか？」というセリフ。興味のないお客さまにとっては、極端に思われるかも知れませんが、「ストーカーさせて頂いてもいいですか？」にしか聞こえません。情報の価値やメリットが伝わらなければ、迷惑でしかないのです。

会話の中に、お客さまにとっての価値やある種のプロらしさが感じられなければ、「情報」に意味はありません。お客さま以上の「情報」を持っている営業であれば、むしろお客さまの方から「会いたい」と思ってくださいますから。

まとめ

◎断られても、改めてアプローチするタイミングを設定する。

◎情報をお送りするときは、価値やメリットを伝えよう。

水曜日
涼しい顔でラクラク売るための「事前準備」

「事前準備」の心得

面談前に想像力をはたらかせよう

ポイント

- すべてを"想定内"で終わらせろ！
- 万全の" 準備 "を整えろ！
- お客さまの求めていることを予想しろ！

さて、面談のアポイントがとれました。ここからがいよいよ実践。

〝スマートなセールス〟は5つのステップに分けられます。

第一ステップは**「事前準備」**。アポイントをとってから会うまでにしておく準備です。事前準備が8割といってもいいほど。

実は〝デキる〟営業ほどこの事前準備に時間をかけています。

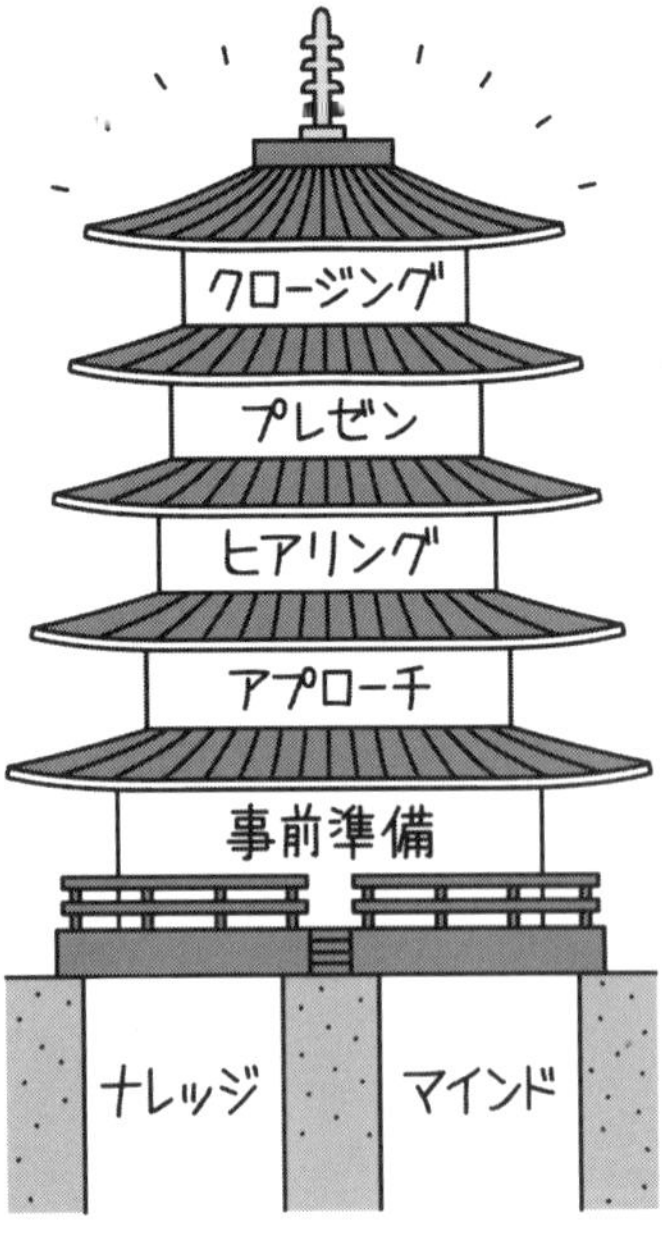

事前準備とは面談を進めるための〝基礎工事〟

営業の役割は「お客さまのニーズを満たすこと」。面談はいわば「お客さまのニーズを満たす」ためのミーティングです。

お客さまの願いや悩みに真剣に向き合い、本気で傾聴する。やるべきことを一つずつ積みあげていけば、必ず成果は得られます。

必要なのは根性やカンではなく、あくまでロジック。

面談における事前準備は、いわば建築における基礎工事のようなもの。基礎工事に手抜きがあった建物がどうなるか、みなさんもよくご存じでしょう。どんな高層ビルも、しっかりした土台があってこそ。営業でも事前準備がおろそかであれば、面談自体が流れてしまいます。

他人がやらないことまでやる。準備にやり過ぎはない

面談の前には、いろいろと準備することがあります。

商品の資料を用意して、セールストークを考えたり、ホームページや新聞記事などから訪問先の企業情報を仕入れたり……。

それでも、お客さまから思いがけないことを指摘されてしどろもどろになり、結局「では持ち帰って検討を……」と引き下がってしまうことになるかもしれません。

もし、面談を成立させたいのであれば、基本のレベルに加えて他人がやらないことまでやりましょう。

準備にやり過ぎはありません。

お客さまの「ニーズ」を想定しておくこと

では事前準備で何をすればいいのか。何よりも一番大切なのは、お客さまの「ニーズ」を想定して動くことです。

何の準備もせず商談の場でいきなりお客さまの反応を見て、臨機応変に対処しながら商品を売り込めるような人は、まずいません。

初回面談の場でトップセールスがお客さまのご要望に涼しい顔で対応できるのは、事前準備の段階でお客さまのニーズを想定し、仮説を立てて想定問答を用意しているから。

お客さまが何を求め、何を誤解し、何を不満に思いそうか。すべて事前に検討しているからこそ、堂々と商談をまとめていけるのです。

1時間目

お客さまを理解し、ニーズを想定せよ

〜お客さまは何が好き？〜

さて、では実際に事前準備に入っていきましょう。

みなさんは普段、どんな準備をしていますか？

まずお客さまの会社のホームページを見るかなぁ。

一番手軽にアクセスできるのが**ホームページ**ですね。みんな見てると思います。だから、「どう見るか」が大切。何となく見ているだけでは、役に立ちません。大切なのは、**「自分たちの営業活動に役立つ部分はどこか」意識して見ること**です。

例えば「企業理念」。ここから何がわかると思いますか？

会社の基本的な考え方とか？

ホームページからわかること

そうですね。**「企業理念」**とは、その企業の基本的なあり方や根本的な考え方。**その企業が「受け入れやすい方向性」**、つまり落としどころが見えてくるわけです。

「社長あいさつ」には、社長以下経営陣に刺さる「ことば」が必ず載っているはず。「人を大切にしている」、「3年後に売上100億円を目指している」など。こうした「ことば」を覚えておくと、面談中に「キーフレーズ」として使えます。

なんかムズカしそう…。

そんなことはありません。実際に面談で使おうという〝目〟で見ていくと、だんだんお客さまのイメージがわいてくるものです。さて会社訪問前に、得ておくべき情報は訪問先

◯ インターネット・企業サイトからわかる情報 ◯

	情報源	わかること
データバンク	帝国データバンク 東京商工リサーチ きんざい『業種別審査辞典』	企業情報全般および与信情報など
データバンク	東洋経済『会社四季報』	株主構成、決算情報など
訪問先のWEBサイト	社長挨拶	経歴などのほか、社長以下経営陣に刺さる訴求ポイント
訪問先のWEBサイト	企業理念	行動規範など、受け入れやすい方向性
訪問先のWEBサイト	会社概要	従業員数や営業拠点などから、商談や案件の規模
訪問先のWEBサイト	組織図	人員構成の予測
訪問先のWEBサイト	IR	投資余力の有無
訪問先のWEBサイト	業績	投資余力の有無
訪問先のWEBサイト	商品・サービス	売り上げ構成の予測
訪問先のWEBサイト	独立したLP	主力商品、戦略商品の予測

のWEBサイトからだけではありません。

先輩からの引き継ぎ案件だったら、そもそも**社内に蓄積された情報**がありますよね。

そういったものに目を通すのは最低限の情報収集です。

どういったことに注目したらいいんでしょう?

「1年前に○○を導入したばかり」、「××社がメイン取引先」、「B課長がキーパーソンだ」とか、個人経営の会社だったら「経理を担当している奥さんがキーパーソン」といった情報をしっかり引きだしておきましょう。

なるほど。自分用のメモを作っておきます。

それは、いいことですね。

情報をどう整理するか

情報は集めることも大事ですが、整理しておくこともそれ以上に大切です。具体的にどのような情報を集め、どのように整理しておくか、一緒に考えていきましょう。

1．業界知識

まず、インターネットからでもいいので、業界知識を調べましょう。

例えば、「ある業界は、現在、A社・B社の大手2社が売上の8割を占め、残りを中小・下請けが奪い合っています。市場規模はここ10年間で15％縮小し、さらに海外資本の安価なネットサービスが参入し、各社とも生き残りをかけた営業を展開しています……」のようなことを頭に入れておきましょう。

2．訪問先の情報

さぁ、こうした業界知識を持った上で、訪問先のホームページを見てみましょう。

どこに注目したらいいんでしょう？

「社長あいさつ」と**「会社概要」**と**「ＩＲ情報」**はチェックしておくのが基本です。

「会社概要」には、資本金や経営陣のデータがあります。

どのくらいの規模の会社なのか、業界での位置はどうなのか、同族企業なのか。取引先はどんなところで、安定していそうなのか。

全国展開しているのか、社員数はどれほどか。

足を運ぶ前から会社のイメージができます。

関連会社にすでに取引のあるお客さまはいませんでしたか？

「ＩＲ情報（上場会社のみ）」があれば、業績が伸びているのか、投資余力はどの程度あるのかなどがわかります。

投資余力があれば、新しいビジネスチャンスを検討しているのではないでしょうか？　その新しいビジネスにあなたの会社の商品はマッチしそうですか？　どうでしょう。面談のときに何をねらいとしてヒアリングをしていくか、イメージがわいたでしょうか？

言葉1つとっても、訪問先が使っている言葉を使うといいですね。

さらに注目しておきたいのが**「ランディングページ（Landing page）」**と呼ばれる広告ページの一種。

ネット広告にリンク元を設定し、問合せから購入までそのページ内で完結する、独立したページのことをいいます。ネット広告の手法として注目されており、各社が主力商品や戦略商品のランディングページを作成しています。

その企業が今、一番力を注いでいる主力商品や戦略商品がわかります。

こうした情報から、自分たちの商品が売れるのか、取引ができそうか、またどういった切り口で攻めて行けば可能性がありそうかを探っていくわけです。

○ ランディングページの例 ○

①ソフトブレーン・サービス㈱のコーポレートサイト

②商品サービスサイト

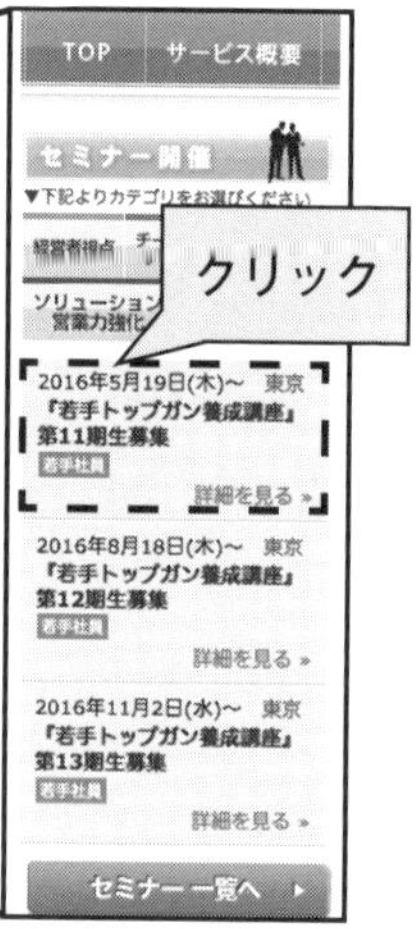

③ランディングページ

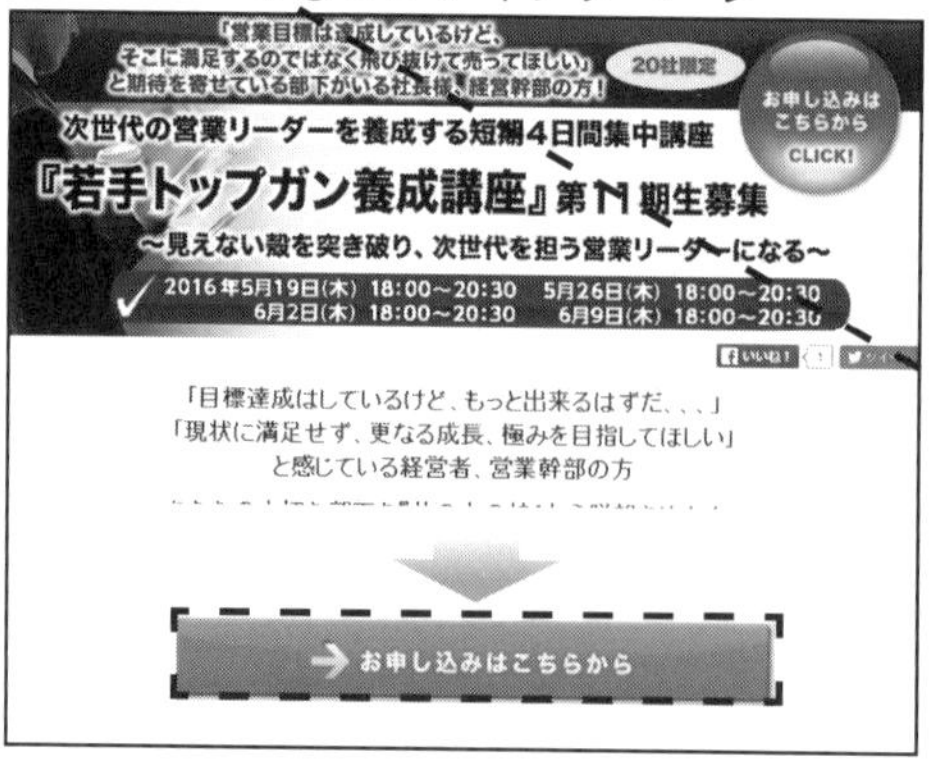

Wednesday

まとめ

◎入手できるありったけの情報に目を通す
◎企業ホームページは「何を読みとるか」が大切！

2時間目

その面談のゴールを決める

～面談は複数のゴールを用意する～

何事も**「ゴール」**が大事。営業活動も同じです。

営業のゴールって、契約成立のこと？

ゴールは大きく分けて2種類あります。

一般的な営業活動は、初回面談でお客さまのニーズを聞きだし、次回に提案をしていくという流れです。**「面談のステップ」と「商談のプロセス」の中の2つのゴール**を考えながら話を進めましょう。

面談と商談の違いはわかりますか？

わかりません…。

面談とは、お客さまとの1回1回の打合せのこと。

商談は、お客さまの最終目標を達成するまでの面談の積み重ねのこと。それぞれにゴールがあります。

商談のゴールに向けて、面談のたびにゴールを設定するわけです。1回目の面談で契約成立！　なんてゴールは立てません。

例えば、初回面談で、自分が想定した「お客さまのニーズ」が正しかったかどうかを確認する。

そして**「では次回、弊社の商品をご紹介させていただきますね」**といって終了する。初回面談でお客さまのニーズが把握できずに提案が難しければ、次回もう一度ヒアリングする。

大事なのは、**その面談のゴールを複数決めておく**ことなんです。

そうしないと、とっさな事態に対応できませんから。

商談のゴールを「最終ゴール」として、そこへ向かって1つひとつ面談を積み重ねていくイメージですね。

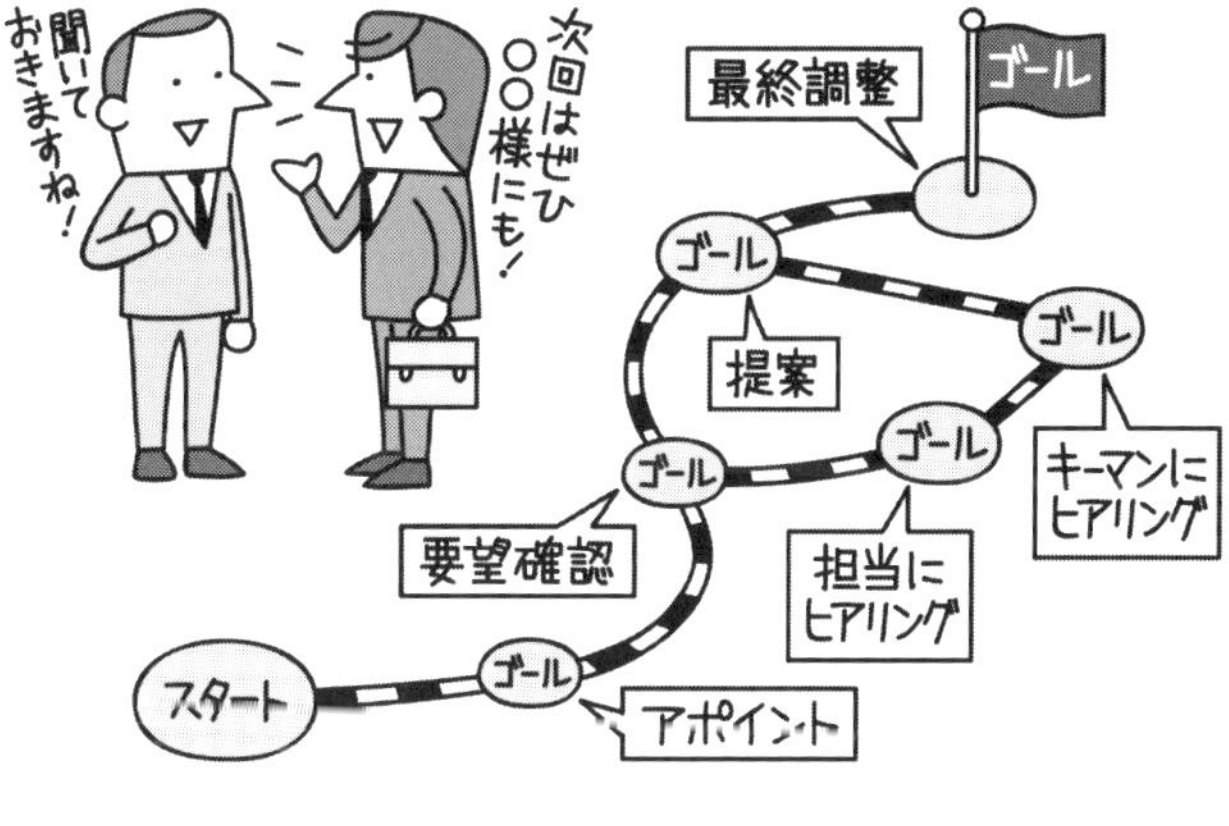

例えば決裁者が面談相手の上司である場合は、「**次回はぜひ○○さまにもご紹介ください**」などと、次回の面談で必要なことがあれば、そのお願いをゴールにしてもいいと思います。

まとめ

◎面談時には必ずその都度「ゴール」を設定する
◎「商談」のゴールに向かって、1つひとつ積みあげる

お客さまに「会いたい」と思わせる営業になれ

ルート営業の場合、顧客訪問は単に訪問するだけではダメで、訪問時にいかに先方のキーマン（発注担当者）とコンタクトできるかどうかが重要になります。

このとき、お客さまの方から「会いたい」と思っていただければ話は早いですよね。どういう人物ならお客さまに「時間を割くに値する」と思われるか。

つまり、「会うメリットがある」と感じるか。お客さま以上の「情報」を持っていることです。「情報」は、お客さまが喉から手がでるほどほしいと思っているものでなくてはいけません。

例えば

- ライバル企業の提案書・見積書や内情
- 市場での自社の評判　● ターゲット顧客層の動向
- なかなか入手しづらい市場調査データ
- 研究者の最新論文　● 専門家のコメント
- 新商品の開発のヒント　● 新たな集客方法
- 現場スタッフの生の声
- 自社内における問題点とその解決策

などさまざまです。もちろんお客さまに喜ばれる「情報」と同時に、自分の本来の目的を果たすための準備も忘れずに。

3時間目

セールストークで〝抵抗〟を乗り切れ！

～事例や証拠を準備する～

営業トークに、全然自信がなくて…。

「トークを思うように進められない」ことに、不安を感じている方は多いですね。

「いい商品だけど、そんなに急いでないから」

「よそと比べて3割高じゃ……」

「ウチの会社規模じゃ、そこまで必要ないよ」

そんなお客さまの「**抵抗**」に、即座に対応できないんですね。

抵抗？

お客さまには営業を受け入れられない、心理的な「抵抗」があるから、想定外の対応をするのです。

「抵抗」には6つのパターンがあります。次ページの表を見てください。

はぁ、そんなにあるんですか…。

心配はいりません。**事例や証拠を準備しておけば、お客さまのこうした「抵抗」にもあわてず、その場で対応することが可能**です。

「抵抗」に強力に対抗できる「事例」

特に「事例」は使えます。ダイエット商品のCMのビフォー・アフターなどがいい例です。太めだった芸能人が引き締まった身体をこれでもかと見せつける。

あれを見ると、「健康診断ではどこにも悪い数値はでなかったけど、やっぱり今すぐダイエットするべき

メタボから……
細マッチョに！
after
before

○ 抵抗の６つのパターン ○

	意味	よくある反応	対応
①無関心	「興味がない」ということ	「それ、うちには関係ないから」	お客さまのニーズにあう事例、証拠を準備する
②不要不急	興味はあるが今すぐほしいわけではない	「ああ、いいね」といって、「でも、ウチは今のところいいや」などと続く	今の状態が続くことで起きるデメリット、今行うといいメリットを数値をあげて具体的に説明する
③不審	商品の効果を疑っている	やたら「本当？？」を連発するお客さまもたまにいる	「本当にそんな結果が出るの？」という疑いがあれば、結果が出た事例を証拠として紹介する
④不満	ニーズを満たせていない	「でもこれだと、〇〇はできないでしょ？」	優先順位を再確認する。聞き方は「価格と品質ならどちらを優先したいですか？」など。
⑤誤解	不満の一部ともいえる。説明不足が要因	「でも納期に時間がかかりすぎる」「リスクがあるんでしょ？」「高いんでしょ？」など。	納期の説明を再度行い、誤解を解く。リスクはないことを根拠のある事例などで証明できればＯＫ。「高い」には、高くない（見方を変えれば安い）ことを事例で説明する
⑥優柔不断	決め手に欠けて決められない	「考えておきます」が代表。「そんなものいらない」といわれれば、対応も違ってくるのだが……。	「考えておきます」という言葉に対しては、本気度・見込み度を率直に聞き、追うべきお客さまかどうかを見極める

か」と、ボクだって思うわけで……。ボクにはすごく響くんですよ（苦笑）。

ははっ。

「この商品・サービスを契約したら、どうなるか」。お客さまにそのイメージをわかせるために、実際に利用されているユーザーの声は最強のツールなんです。

写真があれば、さらに効果的です。**五感に訴えられると人間は弱い**ですから。

事例が用意できないときは、商品やサービスで「電力を10％抑えることができる」といった具体的な数字や専門家のコメントなどが使えます。メリットを具体的に示せば、お客さまもいいイメージを持ってくれますよ。

まとめ

◎準備にやり過ぎはない。

◎できる限りのユーザー事例や客観データを用意しておこう。

4時間目

セールストークを練習してみよう

～ロールプレイングのルール～

先生はお話が上手ですけど、私はどうしても緊張が表情や声にでてしまって、うまくいかないんです。

スポーツでも楽器でも、上手になりたかったらどうしますか？　練習しますよね。

営業も同じです。私だって、今でこそ、こうして話せるようになりましたが、新人の頃は何度も失敗したものです。

練習っていっても、何をしたら…？

まず、**トークのシナリオ**を作りましょう。

自己紹介、初回面談での軽い会話、商品説明など。複数のパターンを用意しておくといいですね。

シナリオを作ってロールプレイングする

シナリオができたら、それを覚えて、さぁ練習です。

通勤時、歩きや自転車だったら、**考えたシナリオを暗唱してみましょう。**どう話せばわかりやすいか、興味関心を持ちやすいか、声にだすとわかることがあります。少しなれたら、同期や同僚に聞いてもらいましょう。また、実際の面談で話してみるのもいいですよ。

実際の面談で試すんですか？

そうです。商品Aのプレゼンがあるとします。そのお客さまとの商談の前に、他のお客さまとの商談があったら、その中で「ちなみに商品Aがありまして、こちらは……」と話をしてみるんです。

具体的なイメージをもった練習が大切！

なるほど。それなら不自然ではないですね。

飛び込み営業の場合も、1件目のセールストークを反省し、2件目では修正して、3件目で勝負……など**トークをみがくことを意識したまわり方をする**といいですね。1件目と40件目ではトークが変わっていて当然。成長した証です。

トークを録音してみよう

トークに自信がある人も、ぜひ試してほしいのが、自分の面談をこっそり録音すること。私も昔はレコーダーをカバンにしのばせていました。今はスマホを録音モードにしてスーツの胸ポケットに入れておけばいいだけですから、簡単です。

「え～」「あの～」にはじまり、「～的な」「～のかたち」など、**自分の口グセがわかるはずです**。意識して話すだけで大分減らすことができます。動画を録るのもいいですよ。話しているときの姿勢や視線など、口グセと同じように身体動作にもクセがあ

別の商談で紹介するのは、断られても勉強になっていいかも！

るもの。ロールプレイングに上司や先輩にお付き合いいただくのもいいでしょう。

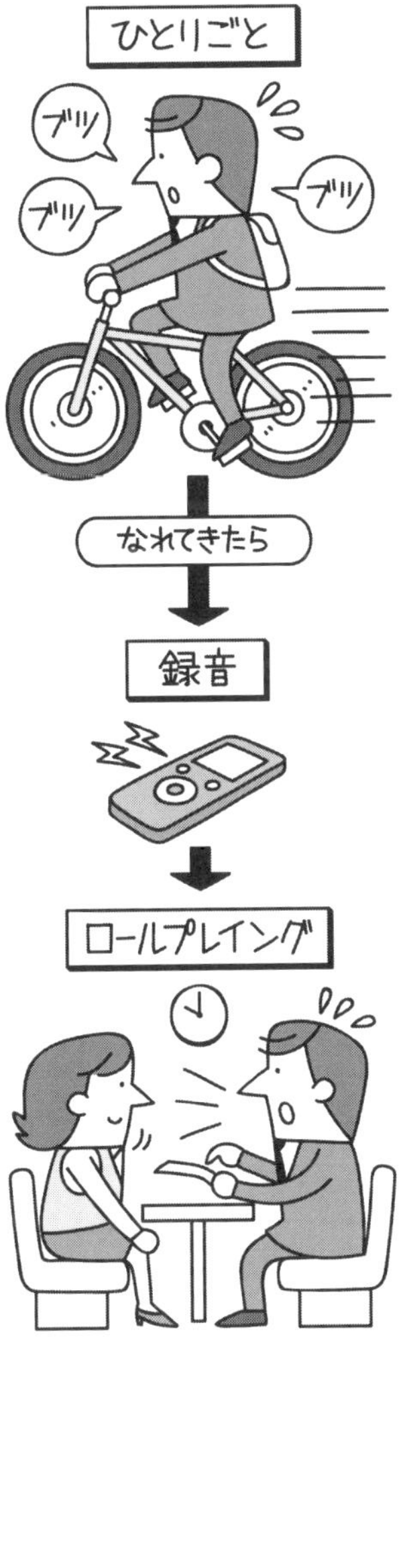

まとめ

◎トークは実際に声にだして練習しよう。
◎録音、録画で自分のクセをチェック！

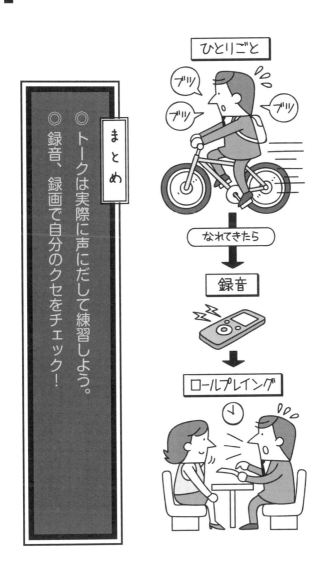

5時間目

仕上げは身だしなみと持ち物チェック

〜初回訪問は見た目も大切〜

「第一印象は見た目が大切」などとよくいわれます。見た目で損をしないためにも、服装や髪形、持ち物などその業種に応じて、適切なものを身につけましょう。

例えばカバン。新人や若手は大きなカバンを持って営業する方がいいですよ。

え〜。重いし、スマートじゃないですよ。

お客さまと話をしていて、その日予定していた商品やサービス以外のものに話題が及ぶことが多々あります。

苦し紛れに

「今日はその資料はお持ちしていないので、次回改めてご紹介させてください」

などと返すなんて、もったいないですよ。お客さまが興味を持たれたその場で、進められるところまで話を進めておくのが、営業にとってはベスト。**話の流れに合わせて、すぐに資料が出せない営業では、契約はとれません。**

うーん…。

いつでも、どんな話になっても大丈夫なように、常にカバンにはチラシやパンフレットなどの資料を入れておきましょう。**知識不足は資料で補う。カバンの薄さは、実は能力に比例している**のです。

商品知識や事例にまだまだ不安が残る新人や若手は、恥ずかしがらずに大きなカバンに資料をどっさり入れて訪問した方が、いい結果をうみますよ。

先輩はタブレットでプレゼンしてますけど…

そうですね。今はタブレットやノートパソコンに資料を用意している会社も多いと思います。そこで注意したいのが、必要なファイルを開くまでの時間。

ファイルを探すためにお客さまをお待たせしないよう、必要なファイルはあらかじめ開いておいて訪問するよう心がけましょう。

清潔感のある身だしなみとは

さらにいうと、身だしなみは「**清潔感**」が基本。口をききたくないと思うような身なりの人物では、お客さまも相手にしてくれません。

大丈夫です！ボクには、ボーナスで買った〇レックスの時計があり…

やっぱり最初はタブレットより、資料の方が安心な気がする！

かといって、年齢不相応な高価な品物もひかえたいもの。時計など、**お客さまがお持ちのもの以上に高価なブランドものなどをするのはひかえましょう。**

髪の色、ネイルなど、業界によって習慣が異なる部分は、必ず訪問先企業にあわせる気くばりもほしいところ。

見た目で損をしないことも、デキる営業には必要なことです。

人間は相手の印象を見た目から得ていることは大きいといわれています。この第一印象は、初頭効果といってその後も引きずられる傾向が強く、後からひっくり返すのは至難の業。身だしなみチェックリストを参考に、自分の身だしなみをチェックしてみて

○ 最低限おさえておきたい初対面のビジネスマナー ○

- □ 約束の時間を守る
- □ コートは会社に入る前に脱ぎ、きれいにたたむ
- □ コートはカバンの上に置く
- □ 名刺は向きを整えて両手で渡す
- □ 飲み物は勧められてから口をつける

ください。

身だしなみだけでなく、姿勢や視線の配り方も大切。**普段からいい姿勢を心がけ、相手の目を見て話せるよう練習しておくといいでしょう。**また、次の動作にうつる前は「失礼します」のひと言を忘れずに。

まとめ

◎人の第一印象は見た目で決まる。清潔感を大切に。
◎知識と経験はカバンで補え！
チラシやパンフレットはすべて用意しておこう。

○ 身だしなみチェックリスト ○

- □ 顔洗ったか
- □ 頭は臭くないか
- □ 歯を磨いたか
- □ 口は臭くないか
- □ 時計をしているか
- □ 鞄は自立するものか

男性	女性
□ ヒゲ剃ったか	□ メイクは濃くないか
□ 髪長すぎないか	□ 髪はまとめたか
□ 爪は切ってあるか	□ 胸元は開きすぎていないか
□ 靴は磨いてあるか	□ ネイルは派手すぎないか

○ 持ち物リスト ○

営業資料	□ 営業先情報 □ 前回訪問記録 □ 自社説明資料 □ 商品説明資料 □ パンフレット □ ＰＣ・タブレット等 □ 導入事例 □ 他社商品比較 □ 販促品・サンプルなど □ 契約書など書類一式 □ 業界紙
訪問 エチケット	□ 名刺入れ □ 手帳 □ メモ帳 □ 筆記用具 □ クリアファイル（顧客に渡すもの） □ スマホ・携帯（会社支給のもの） □ ＰＣ・タブレット・スマホ等のバッテリー □ ポケット Wi-fi （PC、 タブレット等使用する場合） □ ハンカチ・ティッシュ □ 歯ブラシ・ガム・タブレット（口臭対策） □ 財布 □ 化粧ポーチ（女性） □ 制汗シート（夏場）

3,000円のカバンと11万円のカバン

　私が証券会社の新人だった頃、有名な安売りのお店で、軽くて丈夫そうな3000円の仕事用のカバンを買いました。早速、仕事で使いはじめたのですが、そのカバンを見た先輩が「何だ、それは。捨ててこい」というのです。私は思わず「いやです。捨てたくありません」と答えてしまいました。するとその先輩は「お前はそのカバンにいくらの現金、株券を入れるつもりかいってみろ」と。答えられない私に「お客さまの現金をそんな安いカバンに入れるのか？ 数億円の株券をスーパーのレジ袋に入れたりするか？」と続け、「だからちゃんとしたカバンを買いなさい」と教えてくれたのでした。

　先輩の言葉に得心した私は、翌日、ブランドの総革張りのビジネスバッグを買いました。当時で11万円くらいでした。半年後、そのカバンには10億円の株券が入ることになります。

　もちろん、単にいいカバンを買ったから株券が入ったわけではありません。いいカバンを買った私は、絶対いい仕事をするんだ、このカバンにお客さまからの資金や株券をお預かりするんだという意識を強く持って仕事をした。だからそういう結果がでたのだと思います。上司や先輩のアドバイスには、意味があるものです。最初から否定するのではなく、その意味を考えて時には受け入れてみることも大事なんじゃないかと思います。

木曜日
信頼関係を作る
「アプローチ」
と
「ヒアリング」

「アプローチ」と「ヒアリング」の心得

相手を知って、能力を見せよう

ポイント

- “勝つ”ために、カードは「後だし」で！
- 相手を知るために、自分のことを話せ！
- 最初は共通の話題で警戒心を解け！

資料も完璧だし、前日に先輩に教わったセールストークを忘れないうちに話を進めたい……。はやる気持ちはわかりますが、話にも〝進め方〟というものがあります。

今日の授業ではお客さまへの**アプローチ方法**、**話を聞きだす方法**を勉強していきましょう。

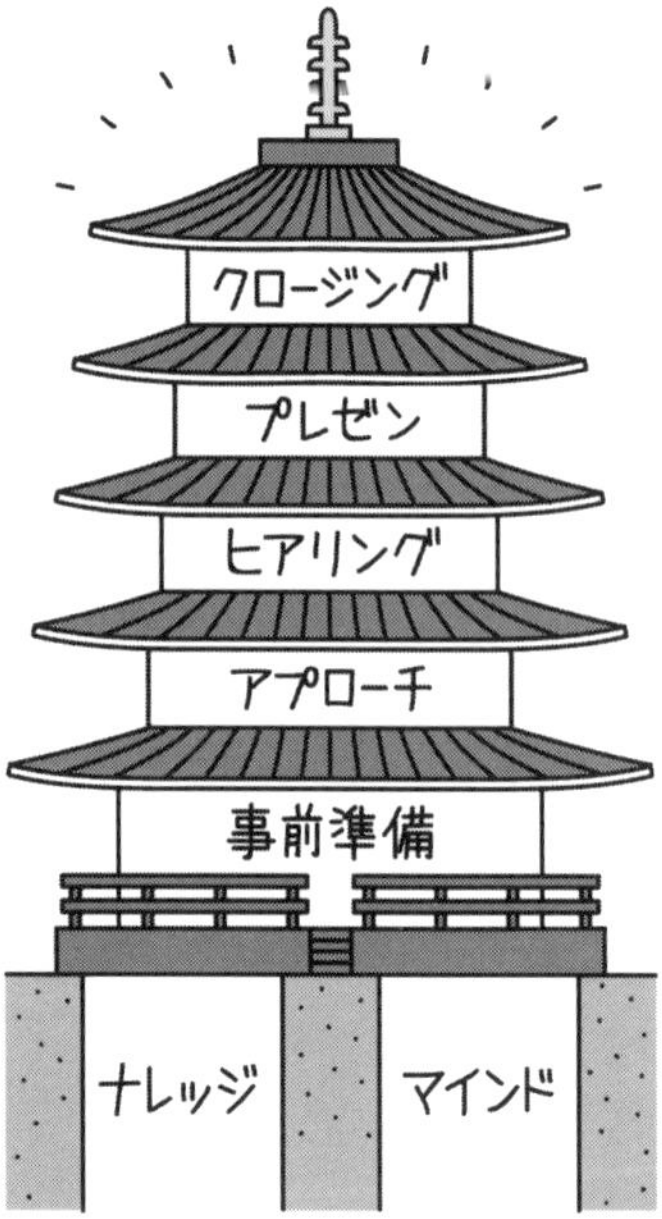

営業を成功させるコツは「後だし」!?

ジャンケンで絶対勝つ方法が1つあります。何だと思いますか？ **それは、「後だし」**。え、ズルいって？ もちろん、実際に「後だし」をしたら非難されるでしょう。

さて、営業は勝負事ではありませんが、成功に導くには「後だし」がポイントになります。「後だし」は、相手のだしたカードを見て自分のカードをだすこと。営業で考えれば、**自社の商品やサービスをお客さまの話の後で提示する**ということになります。

これはズルでも何でもありませんよね。お客さまが抱えている課題やニーズをしっかり理解した上で、解決するための商品やサービスを提案する。営業にとっては、あたりまえのことといってもいいでしょう。

買いたいと思わせるには「信頼感」が大前提

みなさんは、どんなときに「よし、これを買おう」と思いますか？ 欲しいものがあったとき、それだけでしょうか？ **店員とのやりとりのあと、思わず「これください」といった経験はありませんか？**

短時間のやりとりでもお客さまとの間に信頼関係を築くことはできます。信頼関係とは自分のことをわかってくれているという、安心感といいかえてもいいでしょう。自分が抱えている問題やニーズの解決策やその先の世界を、プロとして知っているという信頼感と自分のことをわかってくれているという信頼感。

お客さまを正しく導くには、この信頼感が何よりも大事になってきます。

お客さまとの〝共通項〟を探す

では、どうやって信頼関係を築いていくか。誰でも、知らない人には警戒心を抱きます。まずは自分のことから話して相手の情報を引きだしましょう。名刺には名前のほか、会社名や部署名、連絡先くらいしか情報がありません。

「同じ」「一緒」「合致している」という感覚を相手に持ってもらえるのが〝共通項〟です。**出身地や資格の話や、とくに幼少期の話は共通性を持ちやすい**のでおすすめ。育ってきた環境やプロセスが共有できれば、お互いに相手のことをわかったような気になれるもの。この〝**わかっている、わかってくれている**〟という意識が、信頼関係の構築には重要になってきます。

とはいえ、名刺交換のあと、唐突に「私は××生まれで、××学校を卒業し……」と自己紹介をはじめても、お客さまには不審がられるだけですよね。

どうやって会話の糸口を見つけていくか。そろそろ1時間目の授業をはじめましょう。

1時間目

"雑談"には意味がある
〜断られないアピール法〜

雑談のネタに困ったら

あいさつを終えて、いきなり本題に入る人はいませんよね。少し雑談をしているはずです。みなさん、どんな話をしていますか？

「すごい雨ですねー」みたいな…。

相手の趣味がわかっていたら、その話とかします。「昨晩の××選手のホームラン、特大でしたね」とか。

でも、何を話せばいいのか悩むことの方が多いです。

何を話せばいいか悩んだら「木戸《きど》に立《た》ちかけせ

し衣食住《いしょくじゅう》」ですよ。

き、きど…？

初対面同士でもコミュニケーションをとりやすい話題の頭文字を集めた言葉です。

知っておけばイザというとき、焦らずにすみますよ。

なお、相手の返答はしっかり覚えておくこと。2回目以降の面談で、初回に相手が話したことをとりあげれば、「私の話を聞いてくれている」「私の話を覚えてくれている」と好印象になり、あなたへの信頼感もアップします。

○「木戸《きど》に立《た》ちかけせし衣食住《いしょくじゅう》」○

き　気候
「雪、大丈夫でした？」

ど　道楽（趣味）
「昨日の日韓戦すごかったですね」

に　ニュース
「円高ですね」

た　旅
「GWいかがでした？」

ち　知人
「○○さんにお会いしたんですよ」

か　家庭
「お子さんは何年生ですか？」

け　健康
「花粉症、流行っていますね」

せ　世間
「最近○○が増えてますね」

し　仕事
「○○会社が新製品をだしましたね」

衣　ファッション
「今日のネクタイすてきです」

食　グルメ
「近くに○○の有名店があるんですよ」

住　くらし
「最近、糖質制限してるんですが……」

意味のある雑談をしよう

つい、「今日は暑いですねぇ」などと天気の話が、口をついてでてしまいがちですが、トップセールスと呼ばれる人は意味のない雑談はしないものなんです。

雑談は雑談でしょう？　意味のある雑談っていまいちわかりません。

天気の話をいくら続けてもビジネスの話にはつなげにくいですよね。「今日は暑いですね」とあいさつ程度にすませたら、「そういえば最近、××がニュースになっていましたね」といった業界のニュースや話題などにうつしましょう。

意味のある雑談は、天気などの「一般的な話題」、業界ニュースなどの「特定の話題」、趣味などの「個人的な話題」の3タイプがあります。個人の話題に近づけた方がお客さまの共感は得やすいです。より深く意味のある方向に話を持っていくことができます。

先生、ちんぷんかんぷんです…（涙目）。

例えば、訪問先企業との接点を探してみましょう。訪問先が金融業界だとしたら「実は私の父が証券会社に勤めておりまして……」「HPを拝見しまして、A社とお取引があるとか。実は私の叔父がA社に勤めておりまして……」といった感じです。こういう雑談からだとビジネスの話にうつりやすいですよね。

まとめ

◎慣れないうちは、普通の雑談で。
◎慣れてきたら、お客さまの反応や考え方を観察。

トップセールスの雑談テクニック

トップセールスは雑談からも、お客さまの考え方を推し量っています。例えばオーナー会社の社長と面談だったら、「以前オーナー企業の創業会長と子供の現社長で経営権の争いがありましたけど、あれってどうなんですかねぇ」と話を向けてみるのです。社長が「オヤジは口だしちゃダメだろう」というか、「オヤジさんのやり方も尊重しないと」というか。前者は自分もそろそろ子供に後を継がせようと考えはじめている、後者はまだまだ現役意識バリバリだなと推測するわけです。

たかが雑談、されど雑談。難易度が高いかもしれませんが、こればかりは実践あるのみ。雑談のふりをした意味のある話ができるよう、経験を重ねていきましょう。

2時間目

「初回面談」での紹介トーク

〜盛りすぎずにアピールする〜

みなさん、名刺はどうやって渡しますか？

えーっと…、両手で持って向きをそろえて、「鈴木です、よろしくお願いします」といって渡します。

はい、0点。

え〜！　マナー通りにやりましたよ。

社会人ならそれくらいのマナーはできて当たり前。今の渡し方で、相手にすぐに名前を覚えてもらえると思いますか？

うーーん…。

私の苗字は「野部《のべ》」。初対面ですぐに名前を覚えてほしいときには、名刺を渡すときに「野球部の〝球〟抜きと書いて〝野部〟と申します」といって渡していました。ただ「野部と申します」だけより、相手の印象に強く残るでしょう？

たしかに。でもそんなことでいいんですか。

何でもいいんです。普段から、相手の印象に残るような名刺の渡し方を考えておきましょう。

でも、ボクは「鈴木」というありふれた名前ですし…。

それを利用すればいいんですよ。同姓の有名人、いっぱいいるでしょう。

え、有名人と同じ…なんておこがましくていえないです。

そうですね、「○○業界の〝イチロー〟を目指している○○社の鈴木です」とかどうですか？

有名人にかけなくても「東京都でもっともよくある名字第1位の鈴木と申します」、「全国で180万人が同性の鈴木です」とか、「同じ部署に鈴木が3人おりますので、○○（下の名前）で呼んでください」と、下の名前を訴求するのもいいですね。

それならできます！

お客さまに覚えてもらうきっかけを作ることが大事なんです。

何かしら〝ネタ〟を考えておくといいですよ。

短時間で伝わる自社紹介

さて、自己紹介が終わったら、次は自社紹介です。

自社紹介？

名刺を渡した段階でお客さまが一番知りたいことは何でしょう？ ずばりみなさんが「何屋さんなのか？」です。だから自社紹介は欠かせません。

なるほど。うちの会社は、○○と××といった商品を…

ちょっと待ってください。名刺交換を終えたら「詳しいお話の前に、弊社のことについて簡単にご紹介してもよろしいですか？」とお断りをしてからはじめてください。

それに、アプローチの段階ではまだ、売り込むために、あれもこれも伝える必要はありません。信頼関係を築く場ですから、まずは**自分たちが何者なのかお客さまに**

理解していただくのが目的です。

その点からいうと、商品名・サービス名は出さないこと。どんな価値を提供しているのかにフォーカスしましょう。

アプローチトークは、他社と何が違うのか？という差別化と、さらに効果にちゃんと根拠があることを示すための実績や事例が大事なんです。

みなさんの会社には自社紹介用のキーフレーズがありますか？

キーフレーズ？

例えば、私が代表を務めるソフトブレーン・サービス㈱のキーフレーズは「国内30万人が実践する営業プロセスマネジメントのコンサルティングの

◯ わかりやすいキーフレーズ ◯

ナンバーワン系		オンリーワン系
顧客満足度 No.1、繋がりやすさ No.1 携帯キャリア、決定率 No.1 転職サイト、物件数 No.1 不動産サイト、20 代後半で No.1、○○の地域で一番、○○業界で一番、弊社売上 No.1、当店人気 No.1、イチオシの商品など		独占販売、唯一の取扱、当社だけ、パイオニア
幅	**具体的な数字**	**具体的な固有名詞**
おはようからおやすみまで、企画・設計から運用・アフターフォローまで	販売数のべ○○社超、年間生産量○○、顧客満足度○.○%、コスト削減効果年間○○円	宮内省御用達、○○社や×× 社も弊社取引先です、○○様でもご利用頂いております

パイオニア」です。営業は名刺交換の後、自社のサービスを簡単にまとめたA3のリーフレットをお見せしながら、「営業上の経営課題を解決するサービスを提供しております」と何を強みにしているかを伝えています。

強みっていわれても…もっと詳しく教えてください。

キーフレーズを抽出するときのポイントは、それにもとづいて実績や事例が具体的に語れること。

映画の予告で考えてみるとわかりやすいかな。よく「全米が泣いた」、「全米興行収入No.1」、「アカデミー賞3部門受賞」などというでしょう。

「全米が泣いた」は、どんな価値があるのかという予告。さらにその価値がどれくらいの程度かというのが「全米興行収入No.1」や「アカデミー賞3部門受賞」。

キーフレーズには、これまでの映画と何が違うのかということが明確に語れていないといけません。

たしかにそういったフレーズは短くても、すごさが伝わりますよね。

でもうちにはキーフレーズがありません。

もしこれといったキーフレーズがなければ、**自社のホームページや会社案内を確認してみましょう。**

上司や先輩にも聞いてみてください。この機会に上司や先輩もまきこんで作っておくといいですね。データベースだと思って、彼らの経験や知恵を検索するんです。

火曜日の3時間目でもお話ししたように、言葉は悪いけど上司や先輩を上手に使える、上手に相談できることもビジネスパーソンとして成功する最大の秘訣です。

先輩にどんなふうに自社紹介しているか聞いてみます。

「××で業界No．1」といったわかりやすいものがいいです。

ポイントはこの時点での自社説明にダラダラと時間をかけないこと。**時間にして**

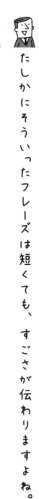

3分程度、なるべく簡潔に何をやっているかという事実と会社の価値がストレートに伝わるように説明してください。

ビジネスは「win-win」の関係で

自社紹介が終わったら、いよいよ本題に入ります。みなさんは、お客さまとどんなお付き合いをしたいと考えて面談にのぞんでいますか？

それは、やっぱり長く顧客になっていただきたいです。

そうですよね。1つの商品を売っておしまいではなく、それをきっかけに長いスパンでお付き合いしていければいいですよね。本題に入るときは、「長い目でお付き合いをして参りたいと考えております」と、お客さまにもお伝えしておきましょう。

面談でも〝チラ見せ〟がコツ

連続ドラマは最後に必ず次回の予告がありますよね。見せ場をつなぎあわせた予告編を見ると、興味がわき、次も観ようと思うもの。面談でもこのテクニックは効果があります。

え、面談で次回予告ですか？

本格的に商品やサービスを紹介するのはまだ先ですが、この段階で「弊社ではこんなサービスを提供しているんですよ」「この商品ではこんなことができるんですよ」というふうに、**商品やサービスの予告をしておく**のです。要するに〝チラ見せ〟。お客さまに、自分たちが抱えている課題を解決できるかもしれないという期待感を抱かせるわけです。

〝チラ見せ〟はどれくらい商品数や時間をかけていいんでしょうか？

つい詳しく説明してしまいそう…。

この〝チラ見せ〟は、それまでに手掛けた事例などをまじえてご紹介できるとより効果があがります。なるべくお客さまの業界や業種に近い事例や関連のある事例を選び、「事例＋結果どうなった」とセットで説明するのがポイント。

お客さまが興味を持てる事例をお話しできれば、面談への期待値もあがります。

それだけでもお客さまの「抵抗」を排除することができるというわけです。

まとめ

◎印象に残る自己紹介を考えよう。

◎トークは多少盛り気味でＯＫ！

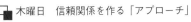

3時間目

「間に合っている」「忙しい」に効くトーク
～無関心客の対処法～

〝この抵抗にはこう返せ〟など愚の骨頂

こちらの話にお客さまがなかなかのってきてくれないときもありますよね。

あるある。何を話しても反応がなかったり。

そうそう。「似たようなサービスをすでに導入しちゃってるからねぇ」とかいわれちゃって。そういうときはどうしたらいいんでしょう？

お客さまにその気がないときでも、トップセールスは「ああ、見込みがなさそうだな」とはなりません。

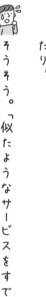

無関心の理由を探る

お客さまの心理的な抵抗については、水曜日の3時間目で簡単に説明しました。「無関心」もその1つでしたね。無関心のままでは面談も断られる可能性が高いです。

まずは無関心の理由を確認しましょう。理由によって対応方法が異なりますから。ここは素直に**「何かご心配な点でもございますか？」**と聞いてみてください。

「どうせ高いんでしょう？」
「うちには関係ないから」

このようなお客さまが断る理由がわかったら、その理由を解決していきます。

でも、値段なんて変えられないし…。

具体的にはお客さまの感じている不安や疑問を覆せるような事例やデータを提示していくのです。

「どうせ高いんでしょう?」
↓「当社調べでは、平均して従来よりコストが●%下がっていますよ」
↓「他社から切り替えてコストが●円下がった事例もございます」

自社の成功事例や導入実績に関して、効果性も含めて説明ができるように準備をしておいてください。こうしたやりとりでお客さまの無関心が関心に変われば、次のステップへ。

それでもダメな場合は…?

次は、高いっていわれても、
諦めないで粘ってみようっと。

その場合は、無理強いせずに**「では、またの機会にあらためてご連絡をさせていただければと思います。いつ頃なら状況が変わる可能性がございますか？」**などとお聞きして、そのタイミングでご連絡しましょう。「こちらから連絡する」といわれた場合は、自分ルール（3か月後、6か月後など）を作って、連絡しましょう。

お客さまの状況も時期によって変わります。ですから、再びこちらから連絡をとる許可さえとっておけば、将来の契約につながることもあります。

また、会っていただいたことについて、お礼のメールは必ず入れるようにしましょう。基本はその日のうち。遅くとも翌日の午前中には送ってくださいね。

まとめ

◎成功事例や実績を説明する。
◎関心が向かない方には、再度連絡してもよいか聞く。

4時間目

困りごとには質問を使いこなせ

〜ニーズの聞きだし方〜

さて、ここからは**「ヒアリング」**について勉強して行きましょう。

お客さまのニーズを完全に把握しておくと、契約に結びつく可能性も高くなるもの。お客さまのニーズを聞きだす「ヒアリング」は、**面談でもっとも重要なステップ**といっても過言ではありません。

ニーズがわからないとどうしようもないですもんね！

そうです。ヒアリングでは、目的を持ってお客さまのニーズを引きだすことが重要。ただ質問すればいいってわけではないのです。

質問かぁ。苦手なんですよね。

お客さまのニーズを深く知るためには、**1つの話題を掘り下げていく「深掘り質問」**を使い、他のニーズを聞くには、**話題を変える「展開質問」**を使います。

「深掘り質問」と「展開質問」？

そうです。

どうして？　なぜ？　深掘り質問

最初の質問で大切なのは、**主語と目的語を明確にして聞く**こと。さらに、**4W2HとWhyを組み合わせて聞く**と、よりニーズを深掘りできます。

ここはあまり難しく考えずに、次のフレーズを丸暗記しちゃってください。

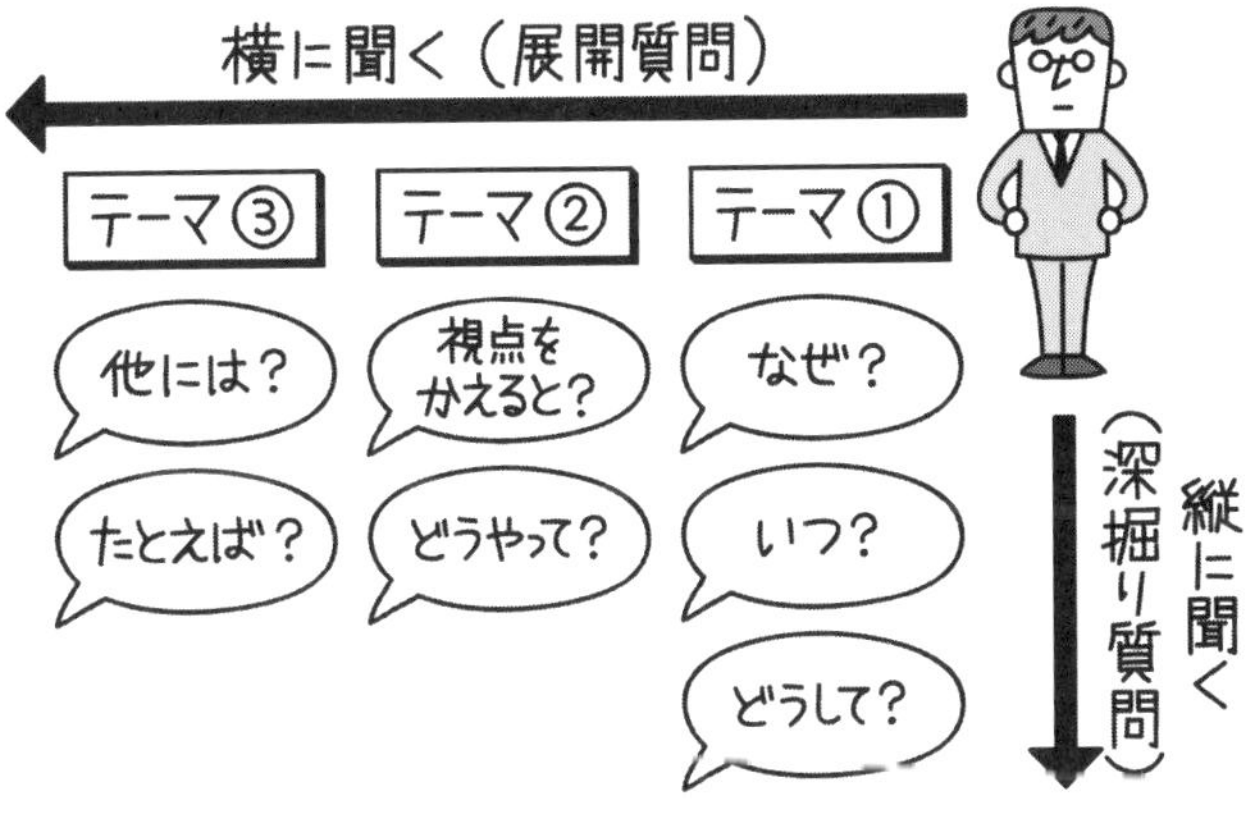

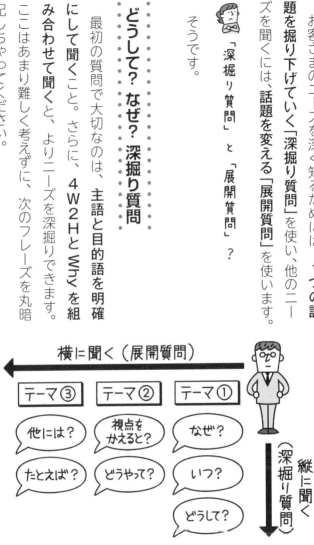

・4W2H
「そのご担当は**どなた**ですか？」

・4W2H+Why
「**なぜ**そのご担当は××さまなのですか？」

最初はそれだけでいいんですか？

大丈夫。そのまま聞いてみましょう。応用編としては、相手の回答を予想する聞き方もあります。納期だったら「○月だと遅すぎますか？」と聞くと、理由がわかります。覚えておくといいですね。

○「深掘り質問」に使うフレーズ○

4W2H

「誰が？ 誰に？」（Who）、「何が？ 何を？」（What）、
「いつ？」（When）、「どこで？ どこに？」（Where）、
「どうやって？」（How to）、「いくらで？」（How much）

Why

「どうしてですか？」（Why）

聞き終わったら、次のテーマへ！　展開質問

深掘り質問でひと通りニーズを聞きだしたら、次は展開質問です。

「その他の点ではいかがですか？」「〇〇の視点から見るとどうですか？」というように、別のテーマへつなげていきます。

嫌がられない質問の方法

でも質問ばかりしていたら、嫌がられませんか？

そうですね、お客さまが疲れて嫌になってしまうのは、限定質問が続いたときです。

限定質問？

○「展開質問」に使うフレーズ○

「他にはございませんか？」

「その他の点ではいかがですか？」

（その他ではなく具体的にあげてもよい）

「〇〇の視点から見るとどうですか？」

質問には、「拡大質問」と「限定質問」の使い分けが必要なんです。楽しい雰囲気で話を進めるために、お客さまを飽きさせない工夫は必要です。

もっと詳しく教えてください。

「限定質問」とは、答えが限定され、**YES・NOや数字など、少ない選択肢の中から答える質問**です。これに対して「拡大質問」は答えが限定されず、**自由に答えられる質問**です。この2つを使い分けることが大切なんです。

うーん、まだよくわかりません。

あらためて説明すると、難しそうに思われるかもしれませんが、次のような会話で普段何気なく使っています。

「スポーツをしていますか？」（限定質問）
「はい」
「それはどのスポーツですか？」（限定質問）
「テニスです」
「なぜテニスをはじめたのですか？」（拡大質問）

「拡大質問」をするのが苦手という方が多いので、意識して拡大質問をとり入れていきましょう。

まとめ

◎まずは1つのテーマを深掘りする質問をする。
◎そして、別のテーマに移行する質問をする。
◎尋問のような質問にならないように注意！

5時間目

ニーズと優先順位の聞きだし方
～「不満」を自覚させる～

お客さまのニーズを理解するためには、ヒアリングで課題をすべて洗い出さなければなりません。が、焦らずに、**お客さまの基本属性の確認から入りましょう。**事前準備で用意したお客さまに関する情報を、この段階で1つひとつ確認していくのです。

お客さまの属性は?

●会社概要

年商、社員数、組織、営業数、事業エリアなど

●事業内容

ビジネスモデル（営業スタイル、営業生産性指数、市場規模、成長性）など

●その他

競合他社

●商談相手の属性

商談相手が社長などの決定権のある人とは限りません。「どのような経緯でこの件をご担当されているのですか？」と失礼のないように確認しましょう。

●確認する相手の属性

立　場　①利用者　②窓口担当者　③評価者　④推進者　⑤決裁者　⑥承認者

協力度　①支援者　②賛同者　③中立　④反対者　⑤敵対者

ニーズを聞く

次に**「ニーズの全容」**を明らかにしていきます。ニーズの全容とは、**「問題」「ニーズ」「ゴール」「背景」の4つ**です。

① **問題**：お客さまが抱えている問題点（問題があるからニーズが発生する）
② **ニーズ**：お客さまが「～したい」「～が欲しい」と求めている具体的な欲求
③ **ゴール**：お客さまが最終的に達成したいと望む状況や姿
④ **背景**：ニーズやゴールが発生した背景や現状を招いた理由・環境

お客さまが望むあるべき姿としての「ゴール」と、現状の「問題」とのギャップが「ニーズ」。そしてそれを生みだす「背景」との関係です。

ヒアリングが終わった時点で、お客さまが問題やニーズをいくつかいったかをきちんといいあてられるよう心がけましょう。お客さまは、ニーズを整理してくれたあなたを、プロとして信頼し、感謝してくださるはずです。

「品質」と「価格」は、どちらが優先か？　など、優先順位を知ることも重要です。もし、すぐにご要望を実現することが難しいニーズがあったら、とりあえず優先順位を確認しておくようにしましょう。

必ず確認する6つのこと

さて、ヒアリングで聞いておかなければならない項目には何があるでしょう？

ん〜、まずは予算かなぁ。あとは納期とか。

そうですね。予算は大事ですね。

B 予算（Budget）

「予算はおいくらですか？」（ただし、大阪では通用しません）

「もうこれ以上かかったら検討外という価格もあると思いますが、例えばいくらですか？」

A 決裁者（Authority）

×「キーマンは誰ですか？」

注：「他にご意見を尊重しておきたい方はいらっしゃいませんか？」

N ニーズ（Needs）

「○○について具体的に何かお困りごとでもおありなんですか？」＋深掘質問＋展開質問

T タイミング（Timing）

「もしやるとしたら、いつですか？ / いつからですか？」

C 競合（Competitor）

「他にご検討をされている先はございますか？」

「ちなみに、どちらにご相談なさっていらっしゃるのですか？」

「差し支えなければお伺いしたいのですが、他社さまからはどのようなご提案を頂いていらっしゃいますか？」

「比較する上で、もっとも重要視する点はどういった点になりますか？」

H 担当者（Human resources）

「もしやるとしたら、御社内でのご担当者さまは決まってますか？ / どなたですか？」

ヒアリングの項目には前ページの6つがあります。
マネジメント用語ではこれらの頭文字をとって「バントチャンネル（BANT - CH）」と呼んでいます。

まとめ

◎基本情報をまとめておこう。
◎バントチャンネルを意識してヒアリングしよう。

6時間目

「まだいいや」に効くトーク
～不要・不急客の対処法～

さて、ヒアリングでニーズや問題点を聞きだしたら、次はいよいよプレゼンで商品の説明をするわけです。何かここまでで質問はありますか？

はい。いい雰囲気でヒアリングできても、最後に「まぁ、うちは急いでないからさ」っていわれちゃうことがあって。これをいわれちゃうとなかなか次につなげられないんです…。

「不要・不急」タイプのお客さまですね。プレゼンに入る前に、これは必ず克服しておきましょう。いくらいいプレゼンをしても、このお客さまの心には響きませんからね。まずは、表の7つのポイントについて確認してください。

お客さまにイメージさせる

この3つについて質問をすることで、お客さまにプラスとマイナスのイメージを想像させるのです。

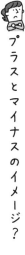

プラスとマイナスのイメージ？

商品を購入したら、抱えている問題や課題が解決して幸せになるということを想像させるのがプラスのイメージ。反対にマイナスのイメージは、今の問題や課題が放置され続けた場合の不幸な将来を想像させるんです。

なるほど。どうやって想像させたら…？

例えば、ボクに営業が「今のメタボ体型が解消され健康的な肉体に変わった場合、それによって何が得られますか？」と質問したら、「長生

① 事前予測に基づく現状
② 現状に基づく問題
③ 問題が起きたときに、さらに発生する問題や問題を放置した場合のデメリット

きできる、モテる、出世できる」といったプラスのイメージがボクの頭の中に浮かびます。

反対に「今のままのメタボ体型を続けてしまった場合、さらにどんな問題が発生してしまいますか?」という質問をされると、「病気」といったマイナスのイメージがボクの頭の中に生まれます。

ここまでのヒアリングで具体的なプラスイメージ、マイナスイメージを考え、コントロールできるようになりましょう。他のお客さまの成功事例や失敗事例などを活用するのも効果的な方法です。

なるほど。マイナスのイメージも必要…?

相手のタイプによってもアプローチは異なるので、必要です。

達成したい目標を持ったときにやる気がでる目的志向タイプの方にはプラスイメー

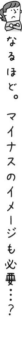

ジ、回避したい問題に直面したときにやる気になる問題回避タイプの方には、マイナスイメージをあおると効果的です。

まぁ、そこはバランスの問題。ゼロかイチかというよりも、どちらよりにするかといった感じですね。

さて、今日の講義は以上です。繰り返しますが、ヒアリングは営業でもっとも大事なところです。自然な流れでお客さまのニーズをすべて引きだすのには、経験も必要とされますので、新人はロールプレイングで練習を積んでおくことをおすすめします。

まとめ

◎プラスのイメージとマイナスのイメージをさせる質問を使い分けよう。

金曜日
顧客にピタリと合う「プレゼン」と「クロージング」

「プレゼン」と「クロージング」の心得

お客さまの悩みを解決しよう

ポイント

- プレゼンで商品紹介するな！
- 解決策を考えるのが第一！
- クロージングは最終確認するだけ！

プレゼンは一方的に説明する場ではありません。お客さまのニーズを解決するためにどのように対応していくのか、お客さまと一緒に考えて、ゴールへと導いていくプロセスです。

いきなり商品を紹介するのが目的ではありません。お客さまのニーズや問題を受け止め、それらを整理して解決策を提案するのです。

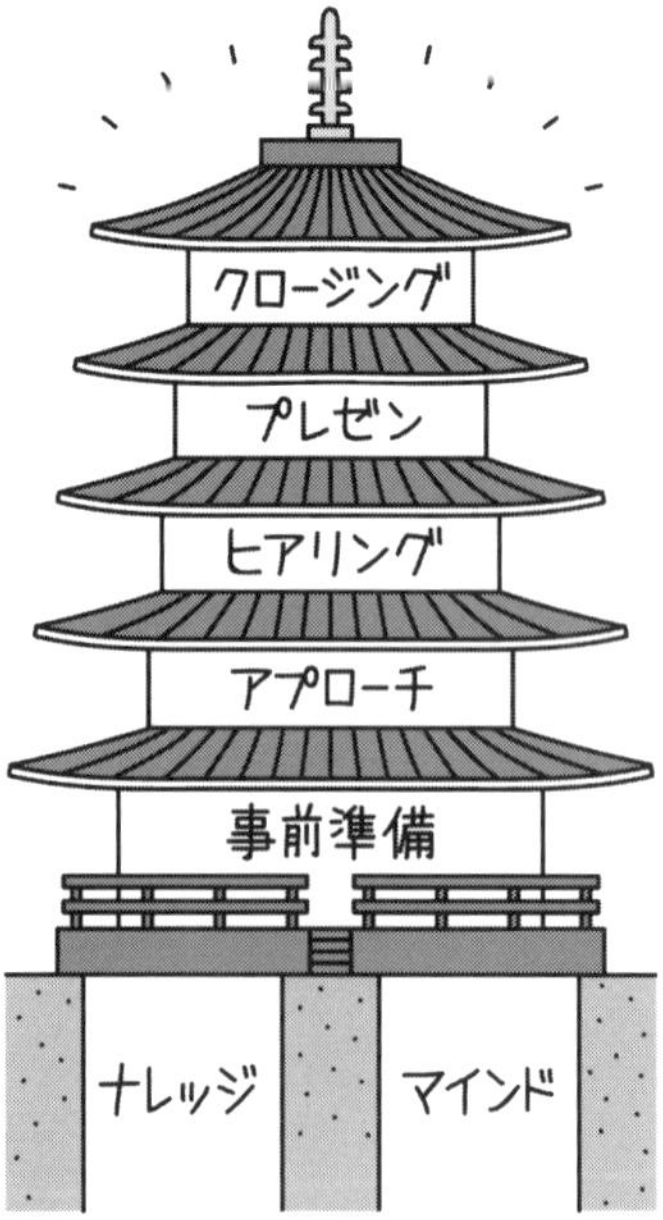

プレゼンでお客さまの問題を整理する

お客さまのニーズに自社の商品やサービスがいかにマッチしているか、その価値を説明する。そして、ニーズを整理してどのように解決・対応するのかを提案する。

最後に納得していただく。

このように「商品を売るのではなく、お客さまのニーズを満たす」のが最終目的です。

営業の見せ場でもありますが、主役はお客さま。反応をうかがいながら進められるようにしましょう。

自社の商品だけが、解決策ではない

お客さまが抱えている問題を解決する方法は一つではありません。大きく分けて2～3だったとして、さらに細かな選択肢を加えていくと、複数の組み合わせが考えられるはずです。どの解決策がお客さまにとって最適なのか。お客さまにヒアリングしながら意見をすり合わせて解決策の方向性を決めるのがヒアリングの目的です。

あなたが売りたい商品やサービスありきの解決策ではないのです。お客さまのニーズがあって、それを解決する方法が決まって、その方法に最適なのがあなたの商品でなければ受け入れてもらえません。

反対に解決策にご納得いただければ、スムーズに商品も受け入れていただけます。

このプロセスは営業の醍醐味といっていいかもしれません。

クロージングはビジネスのはじまり

面談の締め（クロージング）は、簡単なようでいてベテラン営業でも苦手意識を持つ人は少なくありません。

それまでの面談を振り返って、お互いに合意してきたことを最終確認する。お客さまが迷っていらっしゃるようなら静かにそっと背中を押す。黙ってお客さまの決断を待ちます。営業に「殺し文句」などありません。

クロージングは面談の最終場面ではありますが、契約が決まれば、そこからお客さまとの関係が新しくはじまります。たとえ断られたとしても検討していただいたこと、時間や労力を割いていただいたことに感謝して終わりましょう。

ここでビジネスが終わるわけではありません。むしろここからがスタートです。

1時間目

提案するのは〝商品〟じゃない

〜解決策と商品・サービスを示す〜

さて、いよいよ「プレゼン」に入ります。まずはロールプレイングしてみましょう。ボクに「痩せるサプリ」を営業してみてください。

え〜っと。野部さんのようなメタボの方にとっておきの商品がありまして。「スーパーダイエット（仮）」という…

はい、ダメ〜！

ええ〜？

みなさん、このやりとりのどこがダメかわかりますか？ 思いだしてください。営業で大切なのは、お客さまが抱えている問題やニーズを把握して、解決策を提示すること。

お客さまが思わずうなずく営業トーク

とりあえずここではヒアリングを行った結果、ボクが「メタボ」という問題とそれを解消したいというニーズを抱えているとしましょう。

だから、サプリメントが解決策じゃないですか。

違います。**サプリメントは商品。**

え、解決策と商品は一緒でしょう？

違うんですよ。メタボを解消するには痩せる必要があるわけですが、痩せる方法には、**①運動して消費カロリーをあげる、②食事制限をして摂取カロリー**

を減らすの大きく2つの方法がありますよね。この2つを組み合わせてもいい。どの方法でゴール＝メタボ解消まで行くのか。この方向性を決めてからでないと、商品の提案はできません。

なぜボクにはそのサプリメントが一番いいのか。そこを説明してボクが納得してからでないと、いくらサプリメントを勧めたところで売れませんよ。いきなり商品の提案をしてもダメというのはそういうこと。

なるほど。

ちょっとボクが見本をお見せしましょう。

「メタボを気にされているということですけど、運動か何かされてます？」

「なかなか時間がなくて…」

「お忙しいですもんねぇ。運動をする時間がないのであれば、摂取カロリーを減らす

そっか、
解決策をいくつか考えなきゃ！

方向で考えましょうか。食事には気をつかってますか？」

「それもねぇ、ここのところ休みもロクにとれないから、娘と遊ぶこともできなくて、せめて食べることぐらいしか楽しみがないのよ」

「無理な食事制限はかえってストレスになりますもんね。では、今回は〝食べても吸収しない〟方向で考えましょうか」

え〜、そんなことできるの？

「ええ。この『スーパーダイエット（仮）』というサプリメントがまさにそれなんです。今、注目の脂質の吸収を抑える成分〝カテキン〟を○ミリグラム配合しているんです。さらに酵母菌も使っているので、糖質をカットしてくれるんですよ」

「へぇ〜。でも飲み忘れちゃいそうだなぁ」

「これは食後に飲むタイプなんですよ」

「え、そうなの？」

「そう、食べ過ぎたと思ったら飲めばいいから、忙しい人に向いてるんですよ」

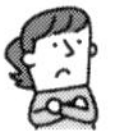
「へぇ、ちょっと試してみようかな」

「運動も食事制限も難しい方には、このサプリメントは本当におすすめですよ。」

どうですか？ こう持っていけば自然に商品をおすすめできるでしょう。

おお～、すごい。納得させられちゃいました。

お客さまが解決策に納得すると、商品の提案もスムーズにできるんですよ。

解決策は3つくらい用意しておくといいですね。ヒアリングが終わったら、ゴールの方向性に食い違いが生じないよう、お客さまのニーズを1つひとつ確認します。確認することでお客さまに安心感を与え、こちらも一番適した解決策を提示できますよ。

つい、会社のパンフレットに頼りがちになってしまうこともあるかもしれません。お客さまのためになる営業とは何か、私たちの目的をもう一度思いだしておきましょう。

まとめ

◎いきなり商品をおすすめはしてはダメ。
◎まずは解決策を考えよう。

2時間目

質の高い提案書をすばやく作る

～効果的な提案書とは？～

私、お客さまにお持ちする提案書を作るのが苦手で…。時間ばかりかかって、おかげでプレゼンの前日はいつも寝不足なんです。

ズバリ、提案書はひな形をもらいましょう。

新人のみなさんにとって、提案書をイチから作ることが大変なのは当たり前です。

会社としてのひな形がない場合は、先輩や上司が作った提案書をもらって、それをお客さまに応じて変えていけばいいでしょう。

提案書の作成手順

どこから手をつけたらいいんでしょう？

プランと見積りをだしてから、提案書の形にしていきます。提案書の作成に時間がかかるという人は、表紙から作っていませんか？ いきなり表紙から作るのは非効率なんです。

①与件の整理→②プランと見積り（複数）→③提案書作成

すみません、与件って何ですか？

与件とは、**ヒアリングでうかがったお客さまのニーズ**です。お客さまのご要望をまとめて整理する。その上で、複数のプランを作成し、見積りを算出するという流れ。この与件が整理できないと、提案がピントはずれになって失敗してしまいます。

納得させる提案書作成のコツ

でも、会社の提案書がイマイチで、やっぱりオリジナルのを作りたかったら、どうしたらいいでしょう？

提案書は、表紙も含めてだいたい6パートで納めるといいですね。

提案内容は複数用意すること。3パターンくらいあるといいでしょう。

どうして3パターンも必要なんですか？

普段のランチを想像してみてください。今日はハンバーグが食べたいなと思ってレストランに行ったとします。しかし、メニューをみると普通のハンバーグ以外にも、チーズがかかったイタリアンハンバーグなんかがあって、さらに、ごはんかパンが選べるランチセット、そこに200円くらいプラスすれば、スープかサラダがつけられる……なんてこともありますよね。

○ 提案書のイメージ ○

パート1．目的を簡単に伝える
① 表紙

パート2．前回お伺いしたヒアリング内容
② ゴール（目標）
③ 背景
④ 問題
⑤ ニーズ

パート3．解決策の提示
⑥ 解決策　※ 商品・サービス名を含まず

パート4．商品・サービスの案内
⑦ 提案内容　※ 選択式で３つほど提示する

パート5．提案内容の詳細
⑧ ご提案内容の詳細説明
⑨ 事例・証拠
⑩ 体制
⑪ スケジュール

パート6．最後は費用
⑫ 費用

よくありますね。

すると、「やっぱり、今日はイタリアンハンバーグのランチセットにしようかな」と考えて選択する。

複数のメニューを用意することで断るという選択肢はなくなり、自分で選んだという納得感が高まるのです。

お客さまに選択していただくというのが大事。

それから、費用は最後に提示しましょう。通販番組でも値段は最後に発表するでしょ。あれと同じです。

け、結構な分量になりそうですね……。

この6パートを、シンプルにまとめましょう。分厚い提案書がいいと思ったら大間違いです。ページが多ければ読むのも大変。必要なことが網羅されていれば、お客さまには〝刺さる〟提案書になるのです。

お客さまに好評だった提案書をひな形にしていくといいですね。簡単に作成できます。書類作成にかける時間はなるべく少なく。事前準備やプランの作成にこそ、時間をかけましょう。

まとめ

◎提案書はイチから作らず、ひな形を応用しよう。
◎提案書は6パートでシンプルに。

3時間目

「高い」「効果は？」ネガティブに効くトーク

〜値引きを求められる理由〜

うちの商品、競合先に比べるとちょっと高いんですよね。だからお客さまからよく「いいけど、高いね」っていわれちゃうんです。

ほお。で、キミは何て答えるの？

相手が真剣に検討してくれそうなら、「少しはお値引きできます」っていいます。うちの会社は●%まではその場で値引きに応じてもいいことになっているので…。

値引き幅が与えられているのであれば、その対応でもまずくはないよ。でも、その範囲でお客さまが納得しなかったらどうするの？

いったんお話を伺って、帰って上司に相談してます。たいていダメですけど…。

値引きを求められたら？

そうだろうね。**そもそも何で値引きを求められるか考えたことある？**

それは…高いから…？

値引きを求められるのは、**商品やサービスの価値**

が正しく伝わっていないからです。

お客さまは「価値」が「価格」を上回っていることがわかれば、値引きを要求することはありません。いつも値引きを要求される営業は、厳しいことをいうと、商品の価値を正しく伝えられない＝スキルが低いということになるのです。

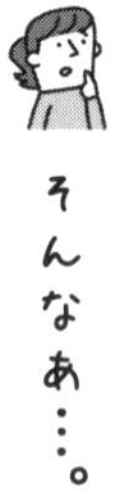

トップセールスは値引きを求められませんし、求められたとしても受けません。商品の価値を正しく理解して、価値に見合った提案をしているからです。
値引きを要求されたら、**決して簡単に「上司と相談してみます」などと安請け合いしないこと**。

○ 価格と価値のバランス ○

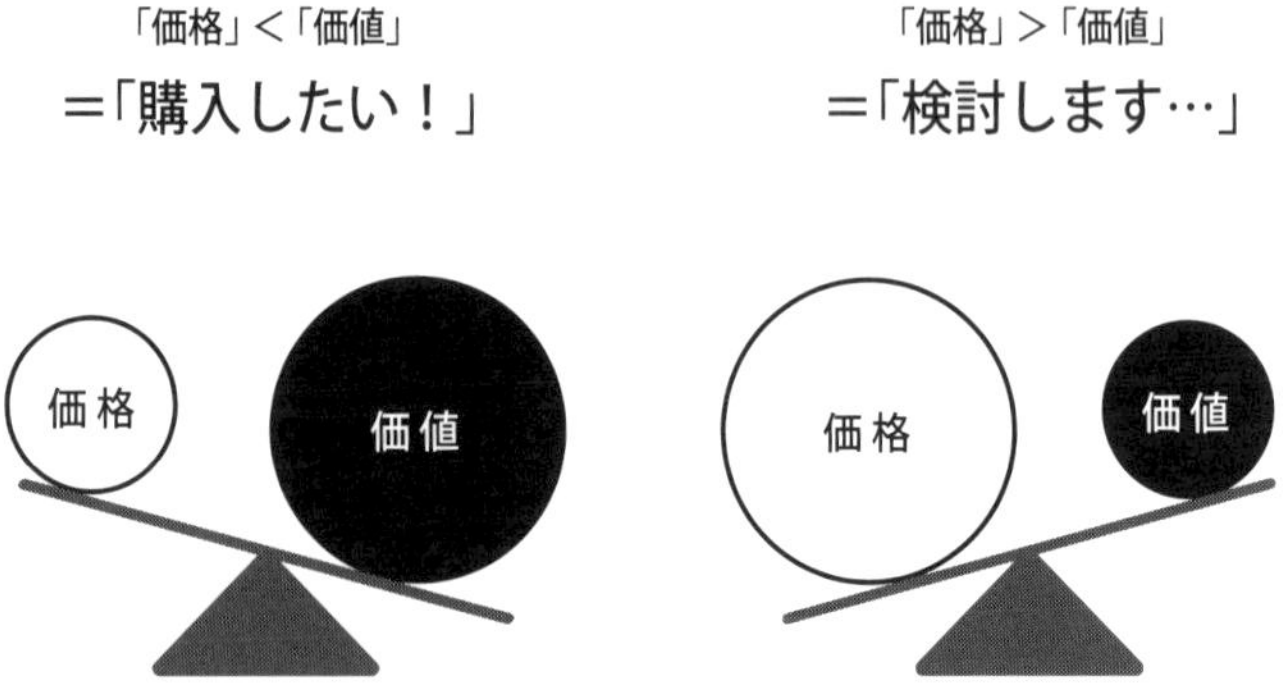

でも相談してみますっていうしか…。

これでは**予算面でのお客さまの期待値をあげてしまう**かもしれません。まずはその商品の価値を再度訴求していきましょう。

もう、いろいろ説明は済ませているのに、どうやって？

「高い」の原因を探る

なぜ、お客さまは「高い」と感じたのか。まず、その根本的な原因を知ることからはじめましょう。

「高い」は比較することばですよね。お客さまが「何」が「何」より「高い」と感じているのかを確認してください。予算と比較して高いのか、競合他社と比較して高いのか、お客さまが要求しているスペックに比べて高いのか。

そっか、「高い」といってもその理由はいろいろあるんですね。

そもそも比較対象がズレていることもありますし、提案した商品の価値が伝わっていないこともあります。原因を確認した上で、お客さまに取引をする意志はあるのか。仮に値引きの話になるとしたら、この2点が大前提です。

ウチの製品だったら、B社より2万円高いのは、1つひとつ職人の手作りだから手触りが違う、ということですね。

その「職人の手作り」という価値が正しく伝えてみてください。ご理解いただければ、値引きが必要なくなることもありますよ。

なるほど。もう少し丁寧に説明してみます。

大事なことは、価格の違いが具体的にどんな「価値」の違いにあらわれているのか、そこをご理解いただくことなんです。

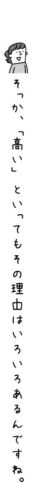

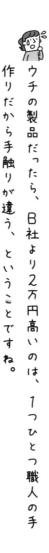

ひと口に「高い」といわれても……

お客さまのいう「高い」にも、実は種類があるんです。

比較対象のズレ

① 競合 A（高品質高価格）と比較

② 競合 B（別価値同等価格）と比較

③ 競合 C（低品質低価格）と比較

④ 代替 D（バターに対してマーガリン）と比較

⑤ 代替 E（バターに対してジャム）と比較

⑥ 価値と比較（正当な「高い」）

⑦ 予算と比較

⑧ 決裁権と比較

⑨ 過去の取引額 / 見積額と比較

対象金額のズレ

⑩ 見積の総額に対して

⑪ 見積の部分（1 項目、単価）に対して

その他

⑫ 値引きのためのブラフ

⑬ 個人の金銭感覚に基づいて

「高い」といわれても、競合より価格を下げなければいけないわけではありません。

仮に値引きを検討する場合は**「多分、お値引き難しいと思いますが、私個人としてはぜひお客さまとお付き合いしたいので、一度社内での調整にチャレンジさせてください」**というように伝えるといいでしょう。

あくまで〝チャレンジ〟ですが、**どうしてもそのお客さまと取引したいというあなたの熱意は伝わるはずです。**

値引きをするときは、熱意をアピールして頑張ってみます！

いずれにせよ、値引きは初期対応が重要。

ですから、商談はまず定価や標準価格でスタートすること。そして、商品の価値が正しく伝わるまでは、**価格は〝幅〟で話を進めていきましょう。**

また、営業として自分たちのビジネスの粗利は最低限理解しておくことも大事です。

あと、「こんな豪華なの、ウチみたいな小さな企業向けじゃないんでしょ？」ともよくいわれて、何もいえなくなってしまいます…。

その場合はお客さまの要求水準を確認する必要がありますね。お客さまが求めている品質やスペックはどこまでなのか、また品質が優先なのか、価格が優先なのかといった点はヒアリングできていますか？

優先順位の確認は忘れていました…。

品質と価格の両方を満たしたいというお客さまの要望が難しい場合、どちらを優先するのかは重要な確認事項の1つです。

お客さまの「抵抗」はすべて受け止める

プレゼン後のお客さまの反応は、それがネガティブなものであってもすべて受け止めてください。

え、全部ですか？

そうです。こんな感じでお返事してください。

受け止めの言葉の例

「なるほど。ちなみにどの辺で〝高い〟とお感じになられたのでしょうか」
「なるほど、鋭いご指摘ですね」
「はじめのうちは、みなさまよくそうおしゃいます」

え、そんな弱気でいいんですか？

別に弱気ではないですよ。「高い」とはひと言も同意したり認めたりしていませんから。

抵抗の6つのパターンを思いだしてください。「大企業向けではないのか」「高すぎるのではないか」といった反応は不審や誤解。お客さまが商品の価値に満足していないときに起こる反応です。

お客さまの発言を受け止め、お客さまに①そう感じた理由、②希望、③説明への理解度、④取引への意志を確認します。

特に金額や効果についてはお客さまが不審を感じることが多いです。しかし、不審は100％解消可能です。そのお客さまに近い事例や証拠を用意しておくといい

でしょう。

それなら先に進めそうですね。ほかの抵抗への対処方は？

不満には、解決できるものとできないものの2種類があります。解決できない不満が「真の不満」。ご提案した商品やサービスでは解消できないニーズがある場合に生じるものです。この場合は、お客さまの優先順位をあらためて確認しましょう。

そして提案した商品のデメリットも説明した上で最後にメリットを強調しましょう。ここでお客さまが納得すれば対応不可能な不満は対応可能な満足感へと変わります。納得していただけなかった場合は引き下がることも必要です。

引き下がってもいいんですか！

もちろん、ごり押しは禁物ですよ。印象が悪くなるだけです。

対応可能な不満は誤解によって生じます。誤解されている点を確認したら、もう一度その部分を説明してください。

「先ほどご説明したとおり…」ってはじめればいいですか？

それは禁句。これだとお客さまが話を聞いていなかった、わからなかったということになってしまいます。「私の説明が少しわかりずらかったかもしれないので、もう一度ご説明させていただくと……」という感じで切りだしましょう。

誤解に対処する場合は、お客さまに非があったと思われないように十分注意すること。あくまでプレゼン側の説明不足だったと伝えるようにしてください。

優柔不断については6時間目で解説します。

まとめ

◎価格について最初は「幅」で話す。
◎ネガティブな反応もいったん受け止める。

4時間目

商談がどんどん進むクロージング

〜丁寧に丁寧に進めよう〜

商談の最終段階は**トップセールスでも緊張するもの**。丁寧に進めましょう。そもそも「クロージング」には、**各面談の最後のクロージングと商談の最後のクロージングの2つ**があります。

クロージングって、「契約成功！」の瞬間の話のことだと思ってました…。

面談のクロージングとは、次の面談やステップへ「**前進できるか、できないか**」。

お客さまにとっては「**買うか、買わないか**」です。

面談内容を整理して次のステップに向けた行動をする必要があります。

まずは「お打合せの内容をまとめますと……」と、面談中に決めたことを簡単に振り返ってください。

さらに、「再度確認させてください。次回は××についてお打合せですよね？」と最後にもうひと押ししておくこと。

　このとき、次の面談日を決めても、行動も約束しないと次のステップへ前進したとはいえません。

行動？　次の約束がとれて満足していました…。

「では、またお伺いします」は、再訪問する約束をしただけ。「次回は部長と会うお約束ですね」も、日時が決まっていないので不十分です。

じゃあ何を約束すればいいんですか…？

「今回の提案の内容を社内でご検討いただき、〇日までにお返事をいただく」というように**「いつまでに、何をするか」が決まれば、成功といえる**でしょう。

お客さまから連絡が来ない……

ボク、先日お客さまから「決まり次第、ご連絡しますよ」といわれて、まだ連絡をもらえてないんですけど、これって…。

いつ頃にお返事いただけるか、確認しましたか？

いえ…。そろそろ2週間経つので、モヤモヤしてました。

お客さまから返答をいただく期日は、必ず確認するようにしましょう。

「お返事はいつ頃になりそうですか？」と聞いてください。

でも、わからないといわれるときがあります。

そういうときは「では来週の金曜日にでも一度こちらからご連絡します」というように、こちらから一方的に期日を押しつける聞き方ではなく、次のような感じでお客さまとタイミングをすりあわせておくといいですね。

「あまりしつこくご連絡を差しあげるのも大変恐縮なので、どれくらいのタイミングでご連絡をさしあげるのがよろしいですか」などと聞いてみるといいでしょう。

「お電話してよろしいですか？　それともメールの方がよろしいですか？」と、連絡手段の確認も忘れずに。

まとめ

◎クロージングには2つある。
◎次のステップを作るクロージングも大事。

5時間目

クロージングの決めゼリフ

～最強のクロージングは無言～

野部さんはトップ営業だったんですよね？　お客さまの決断をうながす「決めゼリフ」を教えてください。

決めゼリフ、ねぇ……。そんなものはありません。強いていえば**「無言」**ですかね。

？？

商談の締めは単純なようでいて、案外難しいものなんです。経験が浅いうちは、どうしても**「あと一息だ！」とばかりに、迷うお客さまに「ぜひ！」と勧めてしまう。**言葉数も多くなりがちですし、やや強引になってしまう人も少なくありません。

でもここはひたすらガマンです。まちがっても自分から「もうちょっとお安くできるかもしれません」などといいださないように。それまでの提案が台無しになりますよ。

そこで、「決めゼリフ」が効くんじゃないんですか？

プレゼンで商品の価値を十分に理解してくださったお客さまが、最終段階でこの選択が最善かどうかを迷っていらっしゃる。ここで営業にできることは、そのお客さまの背中をそっと押してさしあげることです。こちらに強引に引っ張るのでも、追い込むのでもありません。**「いかがですか？」「どうされますか？」と聞いて、黙る。**お客さまはこれまでの商談を振り返って、こちらの提案をじっと考えていらっしゃいます。

その思考をじゃましてはいけません。お客さまが口を開くまで、じっと待つだけです。**決して話しかけてはいけません。**無言の状態はつらいものですが。

え、どうして押しちゃダメなんですか？

商談のクロージングは、契約を結ぶか、または決裁者と話し合う機会を設けてもらうなど、それまでの商談のプロセスに対するクロージングです。これまでの面談でお互いに合意してきたことを、最後にもう一度確認するプロセスでもあります。

ここまでのステップで商品の価値を正しく伝えられていれば、強引に勧める必要もありません。

やっぱりOKしてもらなかったらどうするんですか？

契約が決まれば、そこからビジネスパートナーとしてお客さまとの関係がスタートします。断られたとしても、別の案件でチャンスが生じるかもしれません。クロージングは新たなビジネス関係のスタートでもあるのです。時間を割いてご検討いただいたことに対して感謝をして終わりましょう。

まとめ

◎決めゼリフなんて、ない。
◎トップ営業があえてするのは「無言」。

6時間目

「検討しておきます」への仮クロージング
～優柔不断客の対処法～

最後の最後でなかなか決めきれないお客さまもいますよね。そんなとき、みなさんはどうしてますか？

その場で決まらなかったら「ご検討ください」っていって帰ってくるかなぁ。

ちょっと押しが弱いですね。こういう場合は、相手が追うべき対象なのかを見極める**「仮クロージング」**を行いましょう。見込みがない相手に振り回されていては、成果があがりませんからね。

どうすればいいんですか？

こんなふうに質問を投げかけてみてください。

「もしご契約されるなら納期はいつですか？」

「仮に採用していただけるなら、AプランとBプランのどちらですか?」

ポイントは「もし~」という仮定の話をすること。

この質問に対し、「採用するならAプランなんだけどね」「○月末までにはほしいな」など具体的な返事があったらお客さまは商談に対して本気ということ。

その場で契約はなくても、フォローしていきましょう。

なるほど。反対に、あいまいなら?

ここで「まだわかんないよ」などの返事が返ってきたら、お客さまが商談にも積極的ではないということ。場合によっては、他のお客さまをフォローした方がいいかもしれません。

そんなに簡単にわかるものですか？

デートに誘いたい子がいるとするでしょう。「もし次の休みにボクとデートするならディズニーランドに行くか、映画を観るか、どっちがいい？」と聞いて、「どっちもないよ」といわれたら見込みなし。だけど、「ディズニーランドなら行ってもいいかなぁ」といってくれたら、ちょっとは可能性があるかなって期待できるでしょう（笑）

まとめ

◎「仮クロージング」で追うべき見込み客を正しく見極めよう。
◎本気度を見極める質問の仕方を覚えておこう。

土曜日
「ファン」を増やし、デキる営業になるために

HR

「ファン化」の心得

売った後に、また売ろう

ポイント

- お客さまとの間に貸し借りを作れ！
- お客さまの印象に残す努力をしろ！

お客さまに借りを作るのも大事

一度、取引がはじまったお客さまとは、末永くお付き合いを続けたいものですよね。

お客さまとの関係をいつまでも続けたいのであれば、関係を清算しないこと、つまり借りを作り続けるか、貸しを作り続けることが大切になります。

新人であれば貸しを作ることは難しいかもしれません。業種にもよりますが、もし取引先からごちそうになる機会があったら、丁重に感謝して遠慮なくごちそうになりましょう。次もまたごちそうになり、その次もまたごちそうになる。その借りは仕事で返せばよいのです。お客さまとしてもそれだけごちそうしたら「少しは仕事してくれよ」となるはず。

その期待に応えていけるようになればいいのです。

送るならクリスマスカード

心理学の「単純接触効果」を知っていますか? 例えば、マメに会う人ほど、好意を持たれやすいということです。もちろん、会ってパンフレットを置いてくるだけでは効果はありません。1回ごとのインパクトも重要なのです。

例えば、年賀状を送るくらいなら、クリスマスカードを送りましょう。「メリークリスマス&ハッピーニューイヤー」でもいいのです。年賀状はみんな送りますよね。会社あてに送っても、受けとるのはお正月休み明けです。1週間早めるだけでお客さまの印象に残りやすくなります。

サプライズを仕掛けながら、接点を増やすマメな努力が、あなたをお客さまに印象づけてくれるでしょう。

1時間目

商談成立で終わりじゃない

～次の商談は契約前に開始する～

商品やサービスの販売方法には**「リピート」「アップセル」「クロスセル」**と呼ばれる方法があります。

それってなんですか？

リピートとは、同じ商品を繰り返し買っていただくこと。

クロスセルとは、販売している商品と関連する別の商品を組み合わせて買っていただくこと。ハンバーガー店の「ご一緒にポテトはいかがですか？」が典型的な例ですね。

アップセルとは、より上位の商品を買っていただくことです。家電量販店で普通の液晶テレビを検討していたら「こちらの4Kテレビがもっと高性能で画面がキレイですよ」と上位機種を勧められるなど、みなさんもよく経験されていると思います。

一度お取引できたお客さまとは長いお付き合いをしたいですよね。商品の販売方法にはこうしたやり方があるということを知っておくと、お客さまへのフォローでいろいろ工夫ができると思います。

お客さまへのフォローはきちんとできていますか？

定期的に電話や訪問をして、お買いあげいただいた商品の調子をうかがったり、新商品のご案内などはしていますが…。

新商品のパンフレットを送る程度では、新しい受注にはつながらないでしょう？

はい…。

大事なのは「お客さまが買う前に次を売る」ことなんです。

契約してもいないのに、もう次の商品を売るんですか？

契約前に次のストーリーを組む

例えばこういうことです。みなさんが、車のディーラーだとしましょう。お客さまに販売したのが新車のファミリーカーだったとする。車の市場価値は、古くなれば下がりますよね。お客さまが購入した車が5年で市場価値が大幅に下がるとしたら、契約前にその情報をお伝えするんです。

「この車種は5年で中古の買取価格がガクンと下がるんですよ。だからその前に買い替えませんか？　次こそ迷われていたあの高級SUV、いかがですか？」

このように、買い替えのタイミングをご提案するんです。

契約前に「次は〜」みたいに、
さりげなく前フリしてみようっ。

なるほど！　車好きなら、迷っちゃいますね。

中古市場の情報をお伝えした上で、上位種の車に対するお客さまの憧れをそっと後押ししてさしあげる。実はこれ、好成績をおさめているディーラーならば誰でもやっていることです。

どんな商談でも、次の展開は描けるはずです。今回の商談とセットでストーリーを考えられるよう日頃からイメージしておくといいですよ。

クレームは最大のチャンス

クレームのもともとの意味って、知ってますか？

○ 契約前のストーリー例 ○

「今回、ノート型ＰＣと営業システムを導入しますが、次はこのシステムと連携したタブレットＰＣを導入しませんか？」
「今回、入社３年目の方を対象のセミナーですが、来春はこのセミナーの初級の内容を新入社員の方にいかがでしょうか？」

辞書には「要求する」と書いてあります。

そうです。クレームは「お客さまには何か要求事項がある」ということ。つまり「困っている」というサインなんです。単に文句がいいたいとかではないんですよ。

お客さまからクレームが来たら、何で困っているのかというニーズを確認して次の提案につなげていくんです。トップセールスはみな「クレームはチャンスだ」といいますよ。

クレームに対するご提案をするときは、①費用をかけずに今の問題を解決するプラン、②ちょっと費用がかかるプラン、③費用はかかるけど全面的に解決するプラン、この3つを用意しておくといいですよ。大きなビジネスチャンスになります。

ポジティブですね。ボクも見習いたいけど…。

営業にとっては、不満があっても何もいわずに離れてしまうお客さまが一番怖い存在です。

うーん、たしかに、それは怖いですね。

お客さまのご要望を傾聴し、そこにあるニーズを読みとって商談につなげられる営業をめざしましょう。

まとめ

◎契約前に次の商談のストーリーを描こう。

◎クレームは大きなビジネスチャンス。

2時間目

お客さまが勝手に増える「紹介」

〜お客さまがお客さまを呼ぶ〜

みなさんの会社に「**ご紹介**」制度はありますか？

うちは「ご紹介キャンペーン」のリーフレットを、納品の際に渡しています。

ご紹介をいただけたことはありますか？

まだないです。

あれって効果あるんですかね。

ご紹介をお願いする場合、前フリが大事なんです。

例えば住宅営業では、お客さまの感情が盛りあがる前の工事中に「完成後、ぜひお友達を紹介してください」などとお願いし、YESをとりつけましょう。

完成して、ワクワク感がピークに達したときに、

「ご満足いただけたようでしたら、ぜひお知り合いをご紹介いただけませんか？」とお願いするのです。

それでうまくいくものなんですか？

いきますよ。お客さまは〝いい買い物〟をお友だちにも紹介したいと思うものです。もちろん、ご紹介することのメリットも設定しておく必要はあります。

成約料の○％キャッシュバックとかですね。

そうですね。でも金銭だけとは限りません。

お友だちを紹介することで金銭もらうことに、抵抗を覚えるお客さまもいらっしゃいます。例えば相応の金額をお客さまの名前で寄付にまわすなど、金銭以外のメリットも用意できるといいですね。

以前お願いした
ご紹介の件
なのですが…
紹介カード

会社に紹介制度がない場合は？

ボクは法人営業担当ですが、うちの会社には「紹介制度」はないですね。

制度がなくても、正々堂々と「ご紹介いただけませんか？」とお願いしましょう。

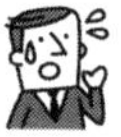

え〜、それだけ？

そう、それだけです（笑）。販売しているものに自信があれば、堂々といいましょう。お客さまも満足した商品やサービスであれば、案外ご紹介くださるものですよ。

とはいっても新人のみなさんにはハードルが高いかもしれませんね。こういうときに便利なのが「メール」です。お客さまに「紹介依頼」のメールをお送りして、「ご転送いただけませんか？」とお願いするんです。方法としては手軽だし、情報も拡散しやすい。これなら送るみなさんも、転送するお客さまも気持ちがラクでしょう。

それならできそうです。

　ほかにも、自社のホームページやパンフレットに導入事例として掲載させていただいたり、セミナーやイベントでお話ししていただいたりという形でご協力をお願いしてもいいと思います。知り合いが載っていたり、話している商品やサービスには興味を持つでしょう。これも間接的なご紹介といえますね。

まとめ

◎紹介をいただくのは思うほど難しくない。
◎紹介カードを使おう。
◎導入事例でお客さまの声を利用しよう。

3時間目

デキる営業は、報連相を徹底する

～社内外の評価をあげる～

営業活動は、商品を開発する人、事務処理を担当してくれる人、会社によっても違いますが、いろいろな部署と連携して動いています。

だからこそ、情報の共有・連携が重要になってきます。「報・連・相」についてはもうご存知ですよね。

まあ…報告・連絡・相談ですよね？

報告：仕事の進捗など自分の現状を知らせること

連絡：情報の共有が必要な関係者に、そのときどきで発生した事実を知らせること

相談：判断・決断しかねている状況においてアドバイスをもらうこと

あと、報告は報告ですからね。相談とは違います。

？

報告は基本「告げる」ことです。進捗の状況を伝えるだけだったり、シンプルな確認作業だったり、一方通行で済む内容ですね。

問題が生じて悩んでいたり、上司に返事を求めたいような場合は「相談」。告げるだけですむのか、相談したいのかを整理して、上司に声をかけましょう。

みなさん、上司や先輩から仕事を頼まれたり、指示を受けたらどうしますか？

期日を確認します。

いいですね。必ず**期日と優先順位を確認**しておきましょう。自分が抱えている仕事の中で最優先させる

仕事を、上司と共有しておきましょう。
それから、**段どりの確認も忘れないでください。**

段どりですか？

例えば「提案書を作っておいて」と頼まれたら、お客さまに渡す前に上司の確認と修正が必要ですよね。どのタイミングで誰に確認をしていただくのかを、依頼を受けたときに聞いておきましょう。また、過去の提案書のどれをサンプルにすればいいのか、事例紹介は何を使うのかなど、手順を確認しておくんです。これがきちんと確認できれば、上司のイメージからかけ離れた提案書を作らなくてすみますよ。

わかりやすい報告の仕方

報告や連絡は、相手にきちんと伝わらなければ意味がありません。
報告で大事なことは、**まず「件名」をいってから「結論」を伝えること**です。メー

今度から話しかける前に、上司の状況を目で確認しようっと。

ルでも口頭でも、「何について、それがどうなったか」。要点を整理することが大切です。

報告は、**上司から「報告して」といわれる前に自分からする**もの。また、任された仕事で不安なことは、そのままにしないで必ず確認してから進めるようにしましょう。

メールですませてもいいですか？

話の内容と相手によりますね。文書に残さないといけない内容、忙しい相手や忘れっぽい相手ならメールのほうがいいかもしれません。でも話が複雑でメールにすると長文になる場合は、ミーティングをお願いしたほうがいいですね。書いている時間もそれを読む時間ももったいないですから。

メールか立ち話かミーティング、どれがいいのかは、その報告にどのくらい時間がかかりそうかを考えて決めましょう。

○ 報告で大切なポイント ○

- 何に対する報告なのかはっきりさせる
- まずは結論から話す

でも報告すると「それで？」って聞かれちゃうんです…。

もしかして「どうすればいいですか？」で終わってない？　それって「答えをください」といっているのと同じです。社会人なんだから自分の意見を持たないと。上司が判断するために必要な材料はすべて準備して、自分の意見や考えもまとめてから報告するような習慣を今のうちから身につけておきましょう。時間をとってもらうのが難しい場合、あらかじめ情報だけでも伝えておくという方法もあります。

まさに、その通りです…。

報告は、タイミングも重要です。人間誰しも感情に左右されることはあります。タイミングが悪いと白も黒、黒も白になりかねません。上司の機嫌をうかがえとまではいいませんが、相手の置かれている状況を理解できるかどうかは社会人としても重要なスキル。ちょっと休憩をしているときなど上司が時間に余裕のありそうなときを見計らって声をかけるよう心がけるといいですよ。人生、何事もタイミングが大切です。

今度から相談する内容を
メモしてから、声をかけようっと。

相手に伝わる連絡の仕方

連絡は**相手に「正しく伝える」ことがポイント。**

あいまいな表現は避け、事実に基づいて簡潔な言葉で伝えるようにしましょう。

助けたくなる相談の仕方

相談が必要なときは、何か問題を抱えているときですよね。判断に迷っていたり、トラブルに見舞われたり。つまり相談において何よりも大事なのは、**手遅れになる前に相談すること**なのです。放っておいて自然に問題が解決することはまずありません。

○ 連絡で大切なポイント ○

「例の、あの」→「×月の予算について」「A社との面談の件」
「至急、なるはや」→「〇日まで」「〇時まで」
＊数字は明確に
＊主語をぼかさない
＊相手の立場で、「どう伝えたらわかりやすいか、正しく伝わるか」を考えて

でも、先輩に相談したら「後にして！」って怒られたことがあって…

たしかに、日常業務で忙しい上司や先輩にやみくもに声をかけると、そういわれるときもあります。相談にも段どりと準備が必要です。まず相談したい内容を**「①テーマ②詳細③結論」の順に整理しておきましょう。**例えば表のような感じです。

この3つを簡単に整理してから相談すればいいんですね！

そうです。話す内容や順番が決まったら、上司からの質問を予想して、関連データや資料も用意しておきましょう。

○ 相談で大切なポイント ○

① テーマ：「A社のクレーム処理について」
② 詳細：「A社より○○に関して、クレームをいただいています。」
「こういう事情で発生し、こういう経緯で現在にいたっています。」
③結論：「私としては次のような対応策を考えています。いかがでしょうか？」

資料も……！

ここまで準備できたら、上司に**「A社のクレーム処理についてご相談したいのですが……」**と声をかけます。用件がわかれば、上司の方もどの程度の時間が必要か察しがつきますから、「その件については今日の夕方話し合おう」と時間を指定してくれるはずです。

見積り金額など数字まわりの承認が欲しい場合は、用意した書類を持って声をかけること。その場で書類を見て「OK」か「NG」か判断してもらえます。

最後にもう1つ大切なことを。忙しい相手の貴重な時間を割いてもらうときは、必ず想定される所要時間を伝えること。**「ちょっといいですか？」は禁物です。**そもそも「ちょっと」では済まない事を上司は知っています。「○○について15分ほ

○ 相談のための準備 ○

① 相談内容を整理する
② 話すときの流れを組み立てる
③ 予想される質問の答えと資料集め
④ 自分なりの分析結果と解決策を考える

どお時間いただけませんか?」というように、必ず目的と時間はセットで伝えるようにしましょう。これが報連相の最低限のマナーです。

まとめ

◎報・連・相を身につけよう。
◎報告は、結論から。
◎連絡は、明確な言葉で。
◎相談は、忙しい相手のことを考えて。

おわりに

月曜日の1時間目でお話したレンガ職人の話には続きがあります。10年後の話で、1人目は同じように面倒くさそうに依然としてレンガを積んでいる、2人目はより条件はいいが、危険の伴う教会の屋根の上で仕事をしている、そして3人目はいろいろな知識や技術を身につけ現場監督として施工を任されるようになります。多くの職人を育て、のちにできあがった大聖堂には彼の名前がつけられたそうです。

みなさんにはぜひ3人目の職人を目指してほしい。自分が先輩や上司になったときに、下から憧れられる存在であってほしいと思います。そして自分の営業ノウハウを教えてあげてください。営業とは「人を動かす」こと。上司も部下も動かすことができる能力があってこそトップセールスになれるのです。

人生にとって大切なのは仕事であれ、プライベートであれ、何事も前向きに楽しめるマインドではないかと思います。何にでも臆せずチャレンジをして、トップセールスを目指してください。本書を読んだみなさんが営業という仕事に対する誤解を解き、自分の仕事に誇りを持っていただければ、著者として営業職の先輩としてこれ以上の喜びはありません。

なお、水曜日から金曜日の講義でお話している営業のスキルは、弊社が四千五百名以上のトップセールスにインタビューし、彼らのスキルを科学的に研究して体系化した「ソリューション営業5ステップ70スキル」の中から、新人に身につけてほしいスキルを抽出したものです。この基本スキルをマスターして、さらに詳しく知りたいと思ってくださった方は、拙著『90日間でトップセールスマンになれる最強の営業術』（東洋経済新報社）をご参照ください。

1人でも多くのみなさんが本書で学んだことをたった1つでもいいので、明日からすぐに行動に移し、成果をあげられることを願ってやみません。

野部　剛

[著者]

野部剛（のべ・たけし）

ソフトブレーン・サービス株式会社　代表取締役社長
プロセスマネジメント財団　代表理事

1996年、早稲田大学卒業後、野村證券へ入社。本店勤務。リテール営業で、トップ営業マンとして活躍。

2000年、成毛眞氏率いるコンサルティング会社（株）インスパイア入社。投資ファンド管理運用業務並びにコンサルティング業務に従事。

2005年、ソフトブレーン・サービス株式会社入社、取締役を経て、2010年7月より代表取締役社長に就任。

2010年一般財団法人プロセスマネジメント財団代表理事に就任。

営業マーケティングに関するセミナーを多数開催。「営業プロセスマネジメント」や「ソリューション営業」に関する講演は年間100回を超える。

経験に裏打ちされた様々な実例が豊富で、気づきや実践で使える方法論が多く、成果が出ると人気を博している。

著書
『90日間でトップセールスマンになれる最強の営業術』
『営業は準備力』（ともに東洋経済新報社）
『成果にこだわる営業マネージャーは「目標」から逆算する！』（同文館出版）
『これだけ！Hou Ren Sou（報連相）』（すばる舎）

営業のプロが新人のために書いた　はじめての「営業」1年生

2016年　5月　26日　初版発行
2023年　5月　27日　第10刷発行

著　　者　野部剛
発 行 者　石野栄一
発 行 所　明日香出版社
〒112-0005　東京都文京区水道 2-11-5
電話　03-5395-7650（代表）
https://www.asuka-g.co.jp
印　　刷　美研プリンティング株式会社
製　　本　根本製本株式会社

ISBN 978-4-7569-1837-6

はじめての「マーケティング」1年生

宮﨑 哲也　著

ISBN978-4-7569-1648-8
B5 並製　192 頁　定価 1500 円+税

あるメーカーを舞台にした実践例を下敷きに、マーケティングの基本理論を、実践できるようわかりやすく解説します。

大学教授と生徒の掛け合いで、かゆいところに手が届く一冊です。